# NO JOURNEY, NO LIFE

私は行きたい。
きっとそこには
何かがある。

## 旅好き7人の“私流こだわり旅”

住吉美紀◆茂木健一郎◆高砂淳二◆西加奈子
佐藤寿一◆メイナード・プラント◆柴崎聡

半藤将代

日経ナショナル ジオグラフィック

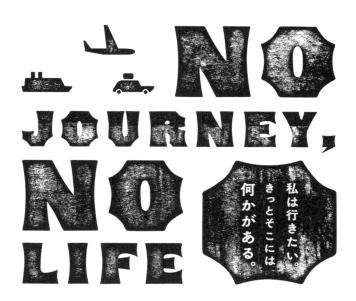

# 旅のすごい力

子供の頃から旅が好きだった。好奇心に誘われ、ちょっとした冒険に胸を踊らせる。中学生のとき、家族旅行で出かけた温泉地で一人離脱し、そのまま徒歩で山を越えて両親に叱られた。高校2年の春に修学旅行で行った北海道を自由に歩いてみたくて、夏休みを待って初めて一人旅をした。やがて旅の仕事に就きたいと思うようになり、大学時代からガイドブック編集のアルバイトを始めた。それ以来、仕事の内容は何度か変わったが、基本的にずっと旅に関わってきた。

カナダ観光局に勤めるようになって20年以上が経った4年前、『観光の力　世界から愛される国、カナダ流のおもてなし』を上梓し、観光の力で地元の人たちが幸せになった実例をカナダの八つの地域から紹介した。変化を起こしたリーダーたちから話を聞き、カナダ各地で起きた奇跡のような物語について考えるうちに、私の観光に対する考え方は大きく変わっていった。観光業に携わる者として、住民と来訪者が共に幸せになれる、新しい観光を作っていきたいと強く思うようになった。

では、視点を変えて、来訪者が旅することで幸せになるとはどういうことだろうか。私は観光を生業としてきたが、旅することで幸せになった一人でもある。だから、今回は旅好きの一人として、旅を愛する人たちからじっくり話を聞きたい。その対話を通して、訪れる側の目線で旅の価値をより深く考えたいと思ったのだ。

旅することを巡って語り合いたいと私が選んだ方々は、アナウンサー、科学者、写真家、作家、テレビプロデューサー、ミュージシャン、経営者といった、自分の信じた道を行く、地に足のついた生き方が魅力的な7人の著名人だ。それぞれの分野で功成り名を遂げた方ばかりだが、今の自分にたどり着くまでには、旅が大事だった。旅を愛し、旅によって人生を変えてきた人たちである。

「旅を重ねるといい人になれる」と脳科学者の茂木健一郎さんは言う。日本を、自分を、外から客観的に見ることでしか得られなかった問いに向き合った茂木さんは、「旅をしてきたからこそ今の自分がある」と語っている。

旅の中に生きる人、旅で人生が変わった人、旅のために働く人。濃密な旅を重ねてきた7人は、いったいどんな旅をしてきたのだろうか。旅の軌跡を語ることが、人生そのものを語ることになるかもしれない。

彼ら、彼女らの言葉に耳を傾けることで旅の本質に迫り、「旅の力」の一番すごいところをのぞいてみたいと思う。

## 旅は人生をどう変えるのか

日本人の有効パスポート所有率は他の先進国と比べて低い。円安や物価高、旅行代金の高騰もあって、海外旅行に行きづらくなっているのかもしれない。だからこそ、一つ一つの旅を大切にしたいと私たちは思う。有意義で学びのある体験がより求められているし、自分の興味や関心に沿った目的のある旅が増えている。地域への貢献やつながりを求める人もいる。

私たちは人生の糧となるような旅がしたいのだ。旅先での体験や現地の人たちとの交流で得たものが、生涯にわたって良い影響となり、人生をより豊かにしてくれるような旅だ。

「玄関を出た自分と、帰ってきた自分は確実に変化している」。アナウンサーの住吉美紀さんは、人間として成長するためには旅が絶対に必要だと述べている。旅が思索の機会となり、自分を発見する場となり、次の成長へとギアを上げてくれる。旅をすればするほど共感力が高まり、アンテナが立つ。

作家の西加奈子さんは、遠い国まで旅をしたからこそ、どこまで行っても自分は自分だということを確信した。「この世界は自分の身体を通してしか確かめられない」と感じると同時に、身体感覚がより深まっていった。

自然写真家の高砂淳二さんの旅は、見えないものとの魂の交流だった。自然と人間の間に深いつながりがあることを知り、人生のターニングポイントとなった。「旅をしていたら、自分のやるべきことに引き寄せられていった」と高砂さんは語っている。

## あなたの知らない目的地へ

旅の目的やスタイルは人によって様々だ。多くの場合は、絶景やグルメを楽しむレジャーが目的かもしれない。きれいな景色を見て、おいしいものを食べて、家族や友人と楽しい時間を過ごす。スマホでそれを写真に撮ったら、ＳＮＳでシェアして思い出のアルバムに保存する。

それも楽しいのだが、それだけで終わってはもったいない。なぜなら、その奥に「とっておき」があるからだ。素敵な偶然に出会ったり、予想外のものを発見したりすることも、旅の醍醐味なのだ。その土地の自然やそこに暮らす人々の文化へと深く分け入ることになるかもしれない。

「段取りしたことよりも偶然に起きたことを優先する旅こそが、僕にとって理想の旅のスタイルなんです」。『世界ふしぎ発見！』を手掛けてきたテレビプロデューサーの佐藤寿一さんはこう語る。

ロックバンドＭＯＮＫＥＹ ＭＡＪＩＫ（モンキーマジック）のメイナード・プラントさんも同意見だ。旅に出かける前にその土地についてしっかり調べるが、調べたわりには予定は立てない。「想定外のハプニングやアドベンチャーが大好き」なのだ。

だから、旅にはちょっと余白があるほうがいい。そうすれば、好奇心に導かれて新しい世界への扉を開くことにもなる。出会いや交流によって人間への理解や共感が深まるだろう。

あるいは、離れた場所から自分の暮らしを俯瞰《ふかん》することになるかもしれない。新しい視座を得た自分自身と向き合うことで、知らなかった自分の一面に出会うだろう。

旅がもたらすそれらの驚きや喜びは、あなたの人生をより良い、幸せなものに変えてくれるはずだ。旅の記憶という宝石がいっぱいに詰まった箱のように、人生はカラフルに輝くだろう。

だから、もっと旅に出てほしい。もっと旅を楽しんでほしい。旅の可能性をどこまでも広げてほしい。

「海外旅行に行きたくてもなかなか時間が取れない」「もっとお金があれば行きたいけれど」「リタイアしてからでもいいだろう」などと思っている人たちにも、ぜひ7人の言葉に耳を傾けてもらいたい。今から何年後、もしかしたら数十年後に、あなたは旅をしなかったことを後悔するかもしれない。無理をしてでも旅に出る価値が絶対にある。

「あの旅には、あの出会いには、こういう意味があったのかと、後でわかることが多いのです」と、経営者の柴崎聡さんは振り返る。旅が人生の転換点となり、新しい物語が始まっていく。

やはり旅を愛していたイギリスの詩人T・S・エリオットはこんな言葉を残している。「我々は探求をやめてはならない。そして、我々のすべての探求は、最終的に初めにいた場所に戻ることであり、そしてその場所を初めて理解することである」——「探求」はそのまま「旅」と置き換えることができる。本書が、そういう旅を実践する手引となれば幸いである。

# 目次

# 行けるときが来たら、躊躇しない

フリーアナウンサー

## 住吉美紀

**家族と離れたとき、就職するとき、自分の可能性を知ったとき、会社を辞めたとき、そして夫と。人生の節目にいつも旅があった。**

住吉美紀さん

「私にとって旅は絶対に必要なんです！　時間さえあれば、いつだって旅に出たい。行きたい場所が多すぎるから、心が動いたら、タイミングが合ったら、もう『えいやっ！』と出かけちゃいます」と住吉美紀さんの笑顔が弾ける。

住吉さんは１９９６年にアナウンサーとしてＮＨＫに入局し、「プロフェッショナル　仕事の流儀」キャスター、「第58回ＮＨＫ紅白歌合戦」総合司会ほか、海外取材や生中継番組など多岐にわたって担当した。２０１１年にＮＨＫを退職してフリーアナウンサーに転身。２０１２年からはＴＯＫＹＯ　ＦＭ　朝のワイド番組「Ｂｌｕｅ　Ｏｃｅａｎ」（月〜金、９時〜11時）のパーソナリティーを務めながら、執筆やインタビュー、司会の仕事など幅広く活動している。知的でありながらも飾らない人柄と、率直な本音トークが共感を集め、30代〜70代の男女と幅広い層から支持されている。

## 一度きりの人生を自分らしく生きたい

住吉さんは幼い頃から大学生になるまで、商社マンだった父親の転勤のため数年おきに引っ越しするという生活を続けてきた。その半分は北米だったので、英語と日本語両方の文化圏で育ったといえる。小学校時代はアメリカ・シアトル。小学校の高学年と中学校を大阪と神戸で。高校時代はカナダ西海岸のバンクーバーで暮らした。

その頃の旅の思い出は、両親と弟の４人で行ったたくさんの家族旅行だ。バンクーバーに住んでいたときには、近くにある風光明媚な街ビクトリアやバンフをまわったり、ウィスラーにスキーに行ったりした。いつもは仕事漬けだった父だが、休暇のときは家族との時間を最優先にしてくれた。ダイナミックな自然に囲まれたカナダの絶景ルートを車で自由気ままに旅する。時間を気にせず、荷物もとにかくトランクに積みこめばＯＫだ。海岸線をヨットで旅したこともあった。

その後、住吉さんは国際基督教大学（ＩＣＵ）への進学を決め、一人東京に暮らすことになった。ベースは東京だが、毎年夏休みはバンクーバーに帰って家族との時間を楽しんだ。

あるとき、ニューヨークに家族旅行をすることになった。家族はバンクーバーから、住吉さんは東京からの現地集合だ。ところが、タイミング悪くその日、バンクーバー発ニューヨーク行きの便がキャンセルになってしまって家族は大慌て。当時は携帯電話もなかったので、住吉さんと連絡が取れない。父が仕事関係の知人に頼み込んで、家族はまず水上飛行機でシアトルへ行き、シアトルからの便に搭乗してなんとかニューヨークに向かうことができた。先にホテルに着いた住吉さんは、フロントで家族からの「遅くなるから、部屋で待っていてほしい」という伝言だけを受け取り、心細い思いでチェックイン。時差で眠ってしまっていたところ、夜遅くなって家族が到着して無事に会うことができた。とんだハプニングだったが、そんなエピソードも話の種となって、初めてのニューヨーク観光は楽しく過ぎていった。だが、旅も終わりに差しかかる頃、衝撃的な出来事が起こる。

レストランでディナーをみんなで食べていたときのこと。父があらたまった口調で、会社を辞めてカナダに移民すると宣言したのだ。バンクーバーのライフスタイルに惚れ込んだ父は、50歳で迎えた出向のタイミングをきっかけに会社を辞めて、もう日本には戻らないことに決めたと言う。「お父さんはこれからお母さんとバンクーバーで暮らし続けます。なので、もうこれ以降、家族全員が一緒に暮らすことはないと思います。よろしく」

突然の父の宣言によって、この旅は生涯忘れられないものになった。そして、それ以降、将来にわたってバンクーバーが住吉さんの実家ということになった。

ところが父は54歳の時、交通事故で亡くなってしまう。当時26歳だった住吉さんにとって、全く予想していなかった出来事だ。まだ数十年先だと思っていた別れに、ショックでしばらく立ち直れなかった。

だから、この旅を思い出すときには、当たり前だと思っていることはずっと続くわけではないのだという哀しみが伴う。

ただ、父が自ら望んでカナダの移民となり、夢だったヨットの免許を取り、大好きなゴルフを満喫して暮らせたことが救いだった。ただ働き詰めではなくて、せめて晩年は人生を楽しめて良かったと、住吉さんは心から思っている。同時に、彼女自身の人生観も決定的に変わった。人生はいつ終わるかわからないからこそ、一日一日を大切に。「今」を充実させないと、という強い意識が芽生えた。

一度きりの人生だ。後悔しないように生きたい。だから挑戦したいことがあったら、とりあえず行動に移してみよう。トライ・アンド・エラーでいい。自分が「こうしたい！」と思うことを確認しながら、前へ進んでいこう。

## 自分を知るには旅が絶対に必要

ときどき海外へ大きな旅に出ることは、住吉さんが生きるうえで欠かせない重要な要素だ。街の匂いや雑踏、外国の言葉のリズム、食べ物の味、行き交う人たちのペースを五感で受け止めることで住吉さんの思考にスイッチが入る。

大学時代に友人とフランスへバックパッカー旅行をしたとき、ユースホステルで毎晩日記を付けていたそうだ。日記に書き留める内容は常に自分との対話。とにかく熱い言葉の連続だった。

「準備された旅より冒険が好き！」

「バックパック一つで1カ月暮らすのは全く苦ではない！」

「物欲はどうでもいい。それよりも自分の足で新しいものを見に行きたい！」

「外国語で会話するのが好き！　新たな自分が引き出されるみたいで楽しい！」

大学時代に友人と行ったフランスへのバックパッカー旅行

「もっと語学を学ぼう！」

旅に出て、日常と異質なものに触れることで、自分が好きなものやワクワクすることがよりはっきり認識できるのだと住吉さんは言う。赤と並べると青がよりくっきりと見えたり、同じ緑でも比べることで色合いの違いがわかったりするように。

卒業が近づくと、自分に合った仕事を見つけるため、色々なアルバイトやボランティアに挑戦した。スーパーのレジ、デパ地下の試食販売、デパートのお歳暮包装、英語の家庭教師、飲食店スタッフ、雑誌ライターの助手、英日翻訳、環境NGOの事務、大学の米国研究旅行での英日通訳や報告会での司会。試行錯誤の末、自分の得手、不得手がつかめてきた。何にワクワクするのかもわかった。「アナウンサー」ならば、自分の得意なことを生かせて、やりがいもありそうだと志望が定まってきた。

だが、住吉さんは意外にも就職活動では何度も試験に失敗している。活動を始めて半年が経っても1社も決まらない。友人たちが内定をもらって成功しているなか、自分は魅力がない人材なのではないかと憂鬱《ゆううつ》になり、自信もなくなっていった。

行き詰まった住吉さんは、気分転換が必要かもしれないと、思い切って家族が暮らすバンクーバーに帰ることにした。

夏のバンクーバーは清澄な陽光に輝いていて、最高に気持ちが良い。まぶしいガラスの摩天楼に、真っ青な空が映り白い雲が流れる。太平洋に開かれ、そびえる山々や深い緑に囲まれた街には、自然豊かな都会のライフスタイルを求めて世界中から人々が集まっている。

ここでとりわけ愛されているのがスタンレー・パークだ。世界最大級の温帯雨林地帯であるブリティッシュ・コロンビア州にあり、公園には州内最古の原生林も残っている。海に突き出た半島全体を囲むように続く遊歩道「シーウォール」は歩いて1周するのに4時間かかる。ジョギングする人、サイクリングする人、犬を散歩させる親子、手をつないで散歩する夫婦、ベンチに座って一人海を眺める人。バンクーバー市民の生活になくてはならない憩いの場である。

バンクーバーに帰省すると、このシーウォールを4時間かけて歩いて1周するのが住吉さんのルーティーンとなっていた。八方塞がりの中で迎えた夏休みである。こんな鬱々《うつうつ》とした状況でも、大好きなスタンレー・パークを散歩すれば気分が晴れるだろうか。住吉さんは一人歩き始めた。

気がつくと、Tシャツと短パン姿のおじさんが横に並んで散歩していた。おじさんが話しかけてきて、なんとなく会話が始まった。おじさんは地元バンクーバーの住人らしい。東京から家族に会いに来ていると言う住吉さんに、おじさんは聞いた。

「あなたは日本では何をしているの？」

「就職活動です」

「はて。就職活動とはなんですか？」

その人は、とてもシンプルな質問を投げかけてくる。どう答えればいいのか困惑しながらも、仕方なく自分の状況を説明した。

「へえ。なぜみんな一斉に就職しなければいけないのですか？　日本では面白いシステムがあるんですねえ。カナダでは就職活動なんかせず、卒業するとしばらく旅行に行ったりして、自分のペースで好きなときに就職しますよ。就職が決まらない場合、あなたは他にやりたいことはあるの？」

当時の住吉さんは、この就職活動で一生が決められてしまうようなプレッシャーに息が詰まりそうだった。不採用になると、志望した企業から、自分が採用する価値のない人間だと言われたように思えて落ち込んだ。成功している友達と失敗ばかりの自分が線で分けられたように感じていた。

しかし、4時間もおじさんと禅問答のような会話をしながら歩いているうちに、住吉さんの気持ちが徐々に変化していった。そう言われてみればそうだ。なぜみんな一斉に就職するんだろう。日本特有のシステムにすぎないんだ。そう考えると、たとえ今回希望の会社に就職できなくても、別にそれはそれでいいじゃないか、という気がしてきた。なんで、日本という枠の中でセコセコ悩んでいたんだろう。

八方塞がりだった心が開放されて、焦りが消えていた。いつの間にか気持ちは晴れている。バンクーバーでの散歩が、住吉さんにとって大きな転機になった。

気持ちが吹っ切れてしまえば、頭を切り替えることができる。自分が発する言葉も雰囲気も変わってくる。東京に戻って就職活動を再開すると、自然と自分らしさを出せるようになっていた。すると効果てきめんで、続けていくつか内定をもらえた。

「今もよく覚えているのが、ＮＨＫの面接です。『ＮＨＫは真面目だから』といって、周りはみな紺やグレーのリクルートスーツの学生ばかりでした。でも、私は好きな服を来ていこうと思って、黄色いパンツスーツを選んだのです」

その日はカメラテストだった。画面の住吉さんに向かって面接官がこう質問した。

「どうして住吉さんはその服を選んだのですか」

「私の好きな服で、一番自分らしいと思ったからです！」住吉さんは堂々と答えた。

服装が理由で受かったのかどうかはわからない。でも、自分自身との調和に至ることができて、「うん、これで大丈夫！」と自分に思えたときに、外の世界や周りの状況が動き始めたと、住吉さんは確かに感じた。

日常から離れたことで、もっと大きな視点を得たから突破口が見つかった。旅をしたから、それまでと違う何かが動き出した。旅が人生のドライブとなるのだ。

## 人生は自分でドライブする

ＮＨＫにアナウンサーとして入局した住吉さんは、次第に仕事に没頭していく。「天命」と表現したくなるほどやりがいを感じる仕事にも出会った。労働時間が長くても、内容がハードでも、平気だったと振り返る。

なかでも最もやりがいを感じた仕事は、海外からの中継だ。25歳のときにナイアガラの滝での大型中継のリポーターを務めて以来、30代半ばまで数多くの海外ロケや中継を担当した。

住吉さんはバンクーバーで育ち、カナダの長所と短所、日本の長所と短所の両方をよくわかっている。だから、ずっと世界と日本のインターフェイスになりたいと思ってきた。海外からの生中継の仕事は、「まさに天命だと思った」と語っている。語学はもちろん、海外経験によって培われた感受性やコミュニケーション力を生かして、それぞれの地域の暮らしや文化を生の声で伝える。遠い異国の暮らしや価値観には、日本の私たちが共感できる、心通じるものがたくさんあると伝えられることがうれしかった。

各国の世界遺産を訪問する旅では、人間の根源的かつ普遍的な問いに向き合う機会を与えられ

初めて海外から中継したナイアガラの滝。25年以上経って再びロケで訪れた

た。特にペルーにあるナスカの地上絵を取材した際には、強く心を揺さぶられた。

「ナスカでは、数センチ盛り上がっているだけの土の線が何千年にもわたって残っていることに、まず驚かされました。すごく乾燥した気候のためだと言われても、最初はピンときませんでした。雨の多い日本ではあり得ないことだから、感覚的に信じられなかったんです。何千年も前の人が地面に書いた絵が残っているなんて、日本では感じられない時間の流れに圧倒される思いでした」

裏山に、亡くなった人を昔から埋葬してきた場所があった。墓荒らしに盗掘されたため、大きい穴がボコボコと開いてむき出しになっていた。宝飾品や衣服などはすべて持ち去られ、穴にはミイラだけが残されている。乾燥しているため、骨には今も少し肉が残ったままだ。そのミイラは文化財として保護されることもなく、覆うものも柵も何も無い場所で、２０００年もの間、野ざらしに放置されてきた。住吉さんは近くに寄ってミイラをじっと見つめた。

「この人はおそらく50年くらい生きて、生涯を終えて、その後２０００年もここにミイラとしてただ在る。時間の流れのすごさ、抗えなさは、自分の物差しをはるかに超えていました。そして、生と死の近さに言葉を失いました。人間は本当にちっぽけな存在です」

何億年という地球の営みのなかで、人間は寿命が延びたといってもせいぜい１００年の命だ。些末なことで悩んだり、固執したりしていては、時間がもったいないではないか。

「こんなにちっぽけな存在なら、思い切り生きなきゃ。大事なことをちゃんと大事にして生きなきゃダメだと思いました」

旅先では日常の自分を少し遠くから振り返る。旅だから、日常で固執していることから離れて、本質的なことに向き合えるのだと住吉さんはいう。

「私にとって一つだけ大事なものを選ぶとしたら何だろうか。旅がそういう根源的な問いを投げかけてくれるのです。だから、仕事でもプライベートでも、旅に行けるときは思索のチャンスと捉えてきました。私にとって旅は自己発見の場であり、旅をすることで次の成長へと一段ギアを上げることができるのです」

違う価値観に触れ、違う環境に身を置くことでしかギアを上げられないこともある。「なんで最近あんなに忙しくしていたんだろう」「あんなことで悩んでいた私っていったい何だったんだろう」と。距離をおいて自分の日常を見つめることで、日常に囚われていたら得られなかった全く違う発想ができるのだ。

「だから、日常から物理的に離れて、自分の身体という乗り物に乗って、違う土地に行くことが大事なのです。画面で見て満足するバーチャルな旅とは全く意味が違うのです」

## 人生のギアチェンジ

30歳から4年連続で担当した『ハイビジョン生中継　世界遺産の旅』というシリーズは、1000キロ以上にわたって大型バスで縦断しながら、8日間続けて毎日番組を生中継した大きなプロジェクトだった。

毎年地域を変え、スペイン、ドナウ川流域（ハンガリー、オーストリア、チェコ）、イタリア、フランスと、それぞれの地域から民族の歴史、今の暮らし、地元の方々の心のうちを生の声で伝えた。

「長距離移動するからこそ、旅情がかき立てられるんです」

住吉さんはバス移動の時間が思索の時間になったと振り返る。流れ行く景色を見ながら、中継地で聞いた地元の人たちの話を反芻する。

侵略された土地や戦争の歴史が、現在の町並みや文化を作ってきたと思うと、景観や建物が違って見えてくる。また、災害を生き抜いた人々、つらい目にあった街が今はこうして復興して再び力強く生きていることを知ると、胸が熱くなった。車窓の風景が変わり、さっき街で食べたあの名物料理は、日当たりの良いこの乾いた土地に育つ良質なオリーブがあるからおいしいのか、などと腹落ちする。バスに乗っているあいだは、目に見える景色の背景に思いを馳せる思索の時間となり、住吉さんは浮かんでくる言葉の一つ一つをノートに記録した。

世界遺産の旅はかけがえのない経験だった

「今、振り返ってみても、かけがえのない体験でした。世界には様々な歴史を背負い、いろいろな考えを持った人たちが、多様な環境の中で生きている。それぞれに理由があり、背景のストーリーがあるのです」

例えばスペインでは多民族からの侵略が繰り返されたため、そのたびに過去の侵略者の文化の影響を受けてきた。西欧の文化、アラビアの文化、アフリカの文化。それらがモザイク画のように混ざり合い、共存している街もある。バスで北上していくにつれて、景観が大きく変わるのも興味深い。

「同じ国でも一色ではない。多様な歴史と価値観を背負う人々がいることを、身をもって感じました」

サンティアゴ・デ・コンポステーラの巡礼路では、キリスト教の聖地巡礼とその宗教観、人生観に圧倒された。寺院の高い天井まで届く、モクモクと濃厚にたかれたお香と歌うような祈りは、非日常の極みだったという。

世界遺産をつないで移動する10日間程の旅の間は、毎日バスでの移動時間が4〜5時間、現場に着いたら取材と下見と打ち合わせと準備。眠れるのはわずか2時間。朝起きて生中継したらサンドイッチの昼食を手に再びバスに飛び乗るという過酷な旅だった。

しかし、極限状態だからこそ、サバイバルのためにアンテナが立つ。感覚が研ぎ澄まされ、思考と感性が冴え渡り、全集中の心持ちに至る。感受性が高まって、ちょっとしたことにも感動できる。ある種の「フロー状態」だ。だからこそ、旅を終えて帰ってきたときの成長ぶりはすごかったと自ら実感している。

「そういう経験があるから、あえて少し背伸びをして、冒険に一歩でも踏み出すことを私はお勧めしたい。その土地の人々や文化に直接触れてほしいのです。冒険の旅をやり遂げたときの、自分に持ち帰れるお土産の中身がぜんぜん違うから」

自ら計画した冒険の旅をやり遂げ、豊かな経験をして帰ってこられたという達成感は自信を与えてくれる。

「子供はサマーキャンプに行くと一回り大きくなって帰ってきますが、大人も同じように旅に出ると成長するんですよね」

## 自分の血肉となった旅

世界遺産の旅の中継で、「このためにアナウンサーになったのだ」という高揚感を味わった住吉さん。この経験は自分の核を見出すチャンスとなり、その後の住吉さんをずっと支えてきたという。

この旅をしたことで、仕事において独自のスタイルを確立することができた。用意された原稿通り読むのではなく、企画のコンセプトや伝えるべきメッセージをしっかり理解したうえで、移動しながら自分の言葉で表現することが、住吉さんにとって最もやりがいを感じることだった。このスタイルは、現在のラジオ番組『BLUE OCEAN』のパーソナリティーの仕事にも受け継がれている。

「たくさんの旅をしてきたことが、私の素地を作ってくれたのだと思います。世界が多様で様々な人がいることを知っているから、どんなことにも心を開いておける。自分の考えに固執せず、良いものを見つければ素直に取り入れることができる。そして、旅をすればするほど共感力が高まり、アンテナが立つんです」

旅先ではハプニングもある。極寒のロシアを旅したときには、看板の文字もわからず、道に迷わないか、地下鉄に乗れるかすごく心配だった。カトマンズでは、荷物を最小限にするため目薬の入れ物にオイルを入れたことを忘れて目に差してしまい、痛くて目を洗うために必死で蒸留水を探し

住吉さんにとってバンクーバーは特別な場所

た。フランスでは生中継の最中に乗り物を間違えて違う場所に着いてしまった。旅のハプニングや失敗はとりわけ強く記憶に残っているもの。それらもすべて今、自分の血肉となっていると感じる。

## リピート旅の醍醐味

サバイバルの旅は自分を成長させてくれる。しかし、一方で慣れ親しんだ場所を繰り返し訪れる旅も満足感があって好きだと住吉さんはいう。

「普段の私はリピーター体質なんです」

良いお店を見つけたら、繰り返し食べに行きたい。好きな洋服屋さんにも頻繁に通いたい。新しい人に出会うのも大切だが、素敵だと思った人と時間をかけて縁を紡いでいくこともうれしい。例えば、かつて「プロフェッショナル　仕事の流儀」というNHKの番組で取材した人たちに、今改めて15年ぶりにポッドキャストでインタビューする番組を配信中である。こうした再会に深い喜びを感じるのだ。

「旅先も同じです。やっぱり大好き！と思える場所を繰り返し訪れることに幸せを感じます」

住吉さんにとって、カナダは生涯を通して縁を結んでいる特別な場所だ。特にバンクーバーにはもともと住んでいたし、その後も何十回と訪れている。

「バンクーバーに行くと、『そうそう、これこれ！　この風！　この風景！　この水の音！』と、自分が好きなもの、好きなことを確認できるのです。縄張りをパトロールするローカル猫のように、決まったルートを歩いて、『この店まだあるんだ』とか、『新しい店に変わってる！』とか、『いつの間にか自転車レーンができてる！』とかね。好きなレストランに行って、味が変わっていないことを確かめて、すごくうれしくなったりします」

大事にしている何かがある場所だから、繰り返し訪れるのが楽しい。

「それに加えて、カナダの人たちの生活のペースが好きなんです」

例えば、あるお祭りの後。散歩していると、お祭りの警備をしていた警官たちが、街中の歩道で5～6人で輪になってアイスクリームを食べている。住吉さんにとってはなんの違和感もない風景だ。でも、一緒にいる夫は目を丸くしている。

「夫が驚いて、私に『見て見て！　制服のおまわりさんたちがアイス食べているよ！』って言うんです」。住吉さんは声を立てて笑う。

「カナダの社会は合理的なところがあって、ちゃんと仕事をしていれば、休み時間にアイス食べたって、誰も気にしません。まだ慣れていない夫は新鮮な視点で反応してくれるので、自分も改めて気づくことがあります。夫にカナダのライフスタイルや価値観について説明しているうちに、自分の認識も深まって、またカナダが好きになったりしています」

住吉さんは、さらに続ける。

「夫とスーパーに行ったときのこと。買い物しているお客さんが、ぶどうを秤に乗せながら一粒とって口に入れたんです。夫は『え！　まだお金を払っていないのに、食べてる！』ってすごくビックリしていて」

住吉さんによると、カナダ人は大局をしっかり見て間違えないけれど、細かいことはあまり気にしない。例えば、自転車社会を促進するためには、たとえドライバーが不便になって不満が出ようとも、一車線を潰して自転車レーンを作ることを断行する。事故を増やさないため、人命や安全のための英断だと思う。細かいところはフレキシブルでも、そういう大事なところはブレずにしっかり守る。

「警官が制服でアイス食べたって、誰も傷つかないでしょう？　カナダのそういう合理的なところが好きなんです」

バンクーバーは持続可能な街づくりを最優先事項の一つとしている。景色の美しさだけでなく、しっかりしたビジョンを持ち、大事なところをきちんと見ている社会のあり方に住吉さんは共感する。

「カナダと日本のどちらにも優れたところがあります。日本の時間通りに何事も動かせる社会や、細かく完璧な仕事ができる職人さんなどは他国に優る美点だと思います。旅をして、両方の良いところを知って、その長所を合わせ持つ人が増えれば、世の中はもっと良くなると思うんです」

## 旅がもたらす行動変容

旅の経験によって価値観が変化し、旅を終えた後に自分の行動が変わることがある。

2009年から「世界一グリーンな都市」を目標に掲げてきたバンクーバーでは、ホテル、レストラン、公園など街の至る所で環境に配慮した取り組みが盛んに行われている。2022年の調査では、バンクーバーを訪れたことによって環境意識が高まった人が7割に達することがわかった(NIKKEI STYLE トラベル調べ)。環境配慮の取り組みが実際に観光客にも浸透しているのだ。

「旅が大好きな私は、その経験をもとに意識して行動変容につなげています。しかし、たとえ意識しなくても、旅の経験によって人は変わるんです。玄関を出た自分と、帰ってきた自分は確実に変化しているはず。インターネットや動画でのバーチャルツアーとは全く違う旅の効果です」と住吉さん。

訪れた土地が他人事ではなくなるということも、旅の重要な影響力だという。旅した地域や、そこにいる人たちが問題を抱え、苦しんでいれば、自分も心を痛めるだろう。

「自分と違う価値観に生きる国や人であっても、訪れたことがあれば心を寄せることができるのではないでしょうか。あの人は確かに私たちのようには考えないだろうな、とか。あの環境で暮らしていたら、そう考えても仕方ないだろう、とか」

リスペクトを持って訪れたり、迎え入れたりすることで、現代人はもっと寛容になれるはずだ。分断や紛争を避けられることがもっとあるのではないだろうか。旅をする人たちが多い社会なら、精神的に成熟したコミュニティーになるはずだと住吉さんは唱える。だから、旅に出たら、ぜひ心をオープンにしてほしいのだと、これから旅に出る人たちにエールを送る。

「心が閉じちゃうと、せっかく旅をしていても、何も気づけないし、発見できなくなってしまいます。不便さや居心地の悪さも楽しんでみてください。それまで机上の空論だった世界がリアルに、立体的に捉えられるようになるから」

では、どうしたら心を開いて旅の達人になれるのか。アドバイスを聞いてみた。

一つめは、地元の人に話しかけてみること。

「英語がわからなかったら、単語の羅列だっていいんです。『ユア・ドレス・イズ・プリティー』とか話しかけてみれば、相手はうれしくなって言葉を返してくれるでしょう」

エレベーターで乗り合わせた人や、レストランのスタッフ、スーパーのレジの人など、目が合ったらニコッとしてみると、話しかけるきっかけがつかめるかもしれない。

「また、ガイドさんとか、観光施設で出会った人に、聞かなくても良いことを聞いてみることもお勧めです。例えば、『なぜここに住んでいるんですか？』とか、『なぜその仕事をしているんですか？』とか。人に歴史ありです。意外な、壮大なストーリーが出てくるかもしれません」

次に、地元の人が薦める場所に行ってみること。

「お薦めの場所やレストランを聞いてみるといいですね。地元の人たちからの情報はガイドブックには載っていないユニークな場所や名物料理を発見できる機会になるし、素敵な出会いにつながることもあります。地元の人の好物を聞いて食べてみるのもいいですよ」

三つめは、散歩してみること。

「歩いてみると、その土地のことがよくわかります。街の生活のテンポや匂いなど、いろいろなことを感じることができて、旅が深まります。そして、歩く速度は思索に向いているんです」

四つめは、メモをとること。

「旅をしながら自分と対話して感じたことをメモしておくことも大事です。『そうだ！　私はこれが好きなんだ！』とか、『これからは、こう生きよう！』とか、感じたことをメモしておく。このキーワードは後で効いてきます。旅から帰った後の自分につながって、日常が変わることでしょう」

五つめは、海外に住んでいる友達や知り合いに会いに行くこと。

「現地に住んでいるからこそ、その人は橋渡しとなって深い体験に連れて行ってくれるでしょう。それに、普段は会えないその人と、細く長くまた縁がつながる喜びもあります。旅に出る理由にもなります」

そして、住吉さんは付け加えた。

「パッケージツアーにも利点があります。安心して旅ができるし、ガイドの方が橋渡しとなって、自分だけではできなかった深い体験に導いてもらえることもある。ただし、観光名所をスタンプラリーのように周って写真を撮るだけの旅ではもったいない。むしろこだわりのツアーを選ぶことで、SNSでは見られないものに出会ってほしいんです」

## 「ダーツの旅」のススメ

住吉さんは行きたいところが多すぎて行き先を絞れないのだと、悩ましそうに言う。だから、タイミングと縁によって旅先が決まるそうだ。まるで「ダーツの旅」なのだ。

「大人になると、みんな日常でそれぞれ役割や責任を負っています。一般的にいって自由に好きなように旅をするということが、なかなかできないと思います。だからこそ、いろいろな場所に、機会があったらいつか必ず行きたいと思い続けていることが大事なのです」

NHKを退職して独立したとき、ようやく自由な時間がまとまって取れたので、ずっと行きたいと思っていたアシュラムで1カ月のヨガ修行をしたそうだ。七月だったため、インドは雨季で酷暑。研修プログラムは行われていなかった。そのときのタイミングで開催されるアシュラムのプログラムを探したら、モントリオールにあった。迷わずにすぐに申し込んで、旅に出た。またカナダとの縁がつながったとうれしくなったという。そして、この旅は人生の節目にふさわしい、学びと変容の旅となった。

「行けるときが来たら、躊躇《ちゅうちょ》せずに『えいや！』と旅に出ます。そうすると、不思議と『本当に来て良かった』と思う旅になるのです。モントリオールのアシュラムで自然と調和し、自分と対話した日々は、その先の生き方を示してくれる、ギアチェンジの旅になりました」

まずは旅に踏み出してほしい。ラジオの番組でもリスナーから「転職することになり、旅に出ます」というお便りをもらうことがあると、住吉さんは心から応援する。休

アシュラムでヨガ修行

みが取れない、忙しい、疲れる、旅行代金が高いなど、行かない理由や言い訳を先に持ち出さないことが大切。自分を知り、自分のポテンシャルを最大限に引き出し、人間として成長するためには、旅が必要なのだ。

## 旅はライフワーク

住吉さんは、２０２４年６月にＢＳフジの旅番組の撮影のため、カナダのプリンス・エドワード島とオンタリオ州を訪れた。「赤毛のアンを生んだ島」や「水の恵みが育んだ人の営みと文化」など、テーマを追ったことで、旅は一層奥深いものになった。

「旅とカナダが自分にとってどんなに大切なものかを再発見する機会になりました。だから、もっともっと発信していきたい。カナダ横断生中継の旅ができたらという夢もあります。発信だけに限らず、お客さんを連れて旅をして、カナダの奥深さを直に伝えたいという思いもあります。今後のライフワークの一つです」

ただ絶景を見に行くのではなく、カナダを知ってから行ってほしいと、住吉さんは強調する。インターネットやＳＮＳを活用すれば、事前に色々な情報を調べることができるはず。現地のことをよく知って、自分の興味のあるテーマやストーリーを見つけて、目的を持って旅に出かければ、きっとその場所の奥深い魅力に出会えるはずだ。

「私が企画するカナダ・ツアーの第1弾は、やっぱりバンクーバーかな。自信を持って案内できる街ですから。私のとっておきのお気に入りの場所から、有名スポットの知られざる裏のストーリーまで、しっかりお伝えします。スタンレー・パークやバンクーバー水族館、グランビル・アイランドなど、ガイドブックに載っている名所も今までとは違って見えてくるはずです。人気のグルメも移民の歴史やストーリーを知れば、もっと味わい深くなります」

住吉さんと一緒に旅をして、地元の人に語りかける。お薦めの場所を聞いて訪れ、初めてのことに挑戦したり、珍しい料理を食べたりする。マーケットや博物館などで出会った人に、聞かなくても良い質問をする。住吉さんの手引きで自分が漠然と感じたことをより深くクリアに理解する。街を歩いて、ときにはおしゃべりを中断して思索にふけってみる。こんな素敵な旅があるだろうか。

自分を知るために、自分らしく生きるために旅をしてきた住吉さん。思索と自己発見が成長を促し、人生のギアチェンジを後押ししてくれた。その結果、人間の内面をじっくりと探り、普遍的な共感を見つける旅そのものがライフワークとなった。

「もっと旅をしなきゃ!」

旅の面白さや歓びを分かち合うことが、住吉さんの次のテーマになりそうだ。

プリンス・エドワード島の小道を散策

# 旅を重ねると いい人になれる

脳科学者

## 茂木健一郎

宇宙飛行士が地球を眺めて、見方や価値観が大きく変わることを
「オーバービュー・エフェクト」という。
彼の旅はまさしくそれだった。

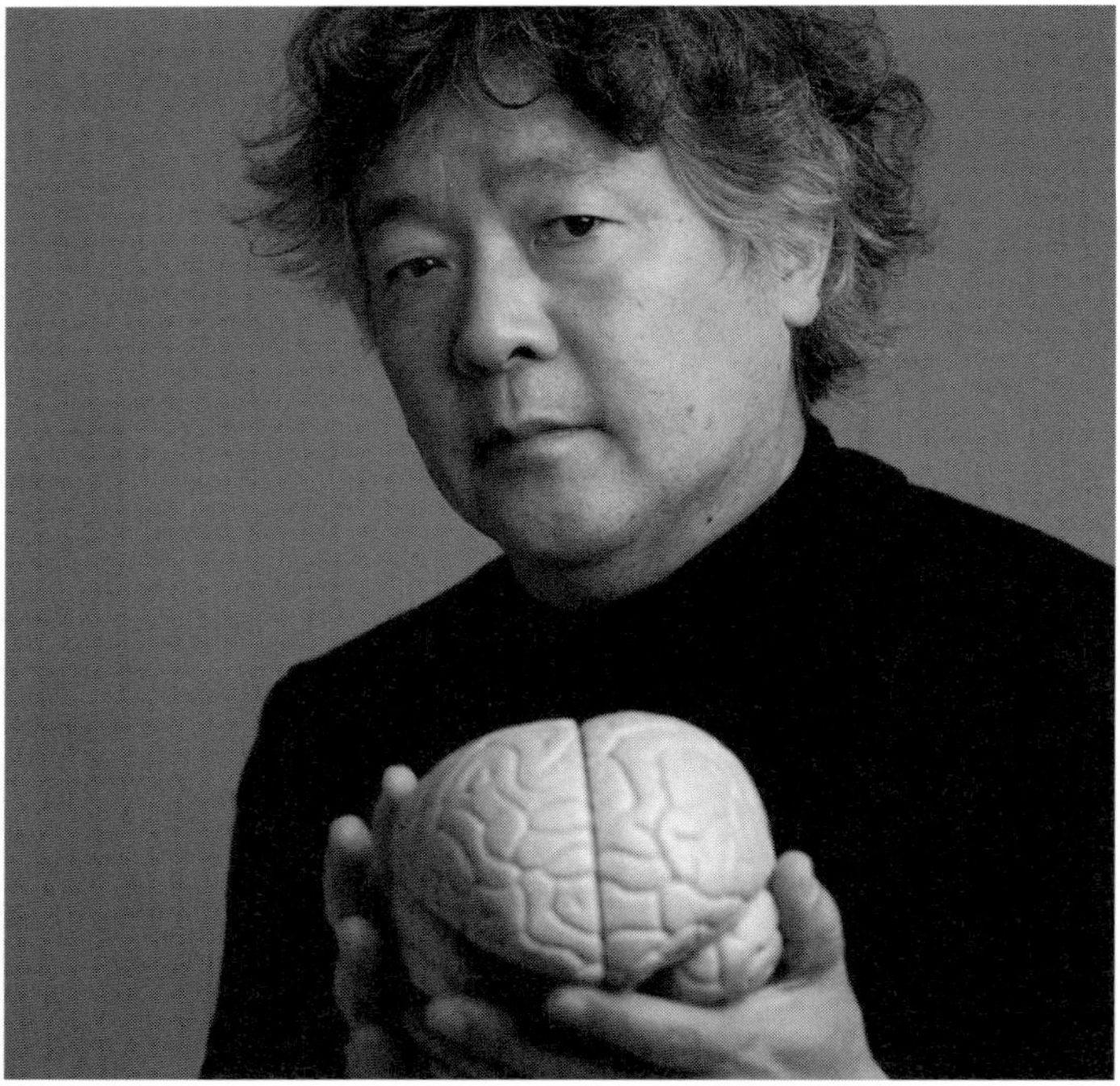

茂木健一郎さん　Ken Mogi photos©Itaru Hirama 2021

脳科学者の茂木健一郎さんは、今「オーバービュー・エフェクト」という現象に特別な関心を寄せている。

「オーバービュー・エフェクト（見晴らし効果）」とは、月面にいる宇宙飛行士が、美しい地球が昇ってくる光景を見下ろす体験などによって、世界に対する見方や価値観が大きく変わることをいう。

なぜ、オーバービュー・エフェクトが起こるのだろうか。

それは、我々の祖先がずっと旅をしてきたことと関連があるのかもしれない。普段生活している村を離れ、山を登って頂上からその住んでいる土地を見ると、全く違った視点から自分の生活が見えたことだろう。そういった人類の経験が、オーバービュー・エフェクトにつながっているのではないかと茂木さんは考えている。

「宇宙を目指す理由について、イーロン・マスクは『そこで大切な問いが見つかるからだ』と述べています。人類が火星に行くことで、我々は地球にいては得られなかった新しい問いを得られるだろうと彼は言っていて、僕は大いに共感するのです。自分とは何か。人生の目的とは何か。旅をしていると、そういう本質的な問いが僕の中に浮かび上がってくるのです」

人類はアフリカ大陸で誕生し、生きるために移動しながら、何万年もかけて世界中に広がっていった。旅の途中、我々の祖先にオーバービュー・エフェクトが起こっていただろうことは想像に難くない。それは、人類の進化の過程において大きな意味があったのではないだろうか。

もちろん、私たちの旅でも同じような現象は起こり得る。

「だから、僕にとっての旅のイメージは『オーバービュー・エフェクト』なんです。本当は宇宙に行って地球を見て、確かめてみたいのだけれど。簡単にできることではないですね」

茂木さんは15歳のときに、初めて海外に行った。カナダのバンクーバーでホームステイをして、日本とは全く違うカナダの人たちの価値観や暮らし方に出会い、心を揺さぶられた。

「そのとき僕は生まれて初めて大きな問いを自分に投げかけました。僕って誰なんだろう、何のために生きているんだろうって。日本を外から客観的に見ることでしか得られなかった問いでした。それは、イーロン・マスクが次は火星で人類が新しい問いを得られるだろうと言っていることと、きっと関係していると思うんです」

日本を離れ、自分たちの生活習慣や文化を外の視点から見る。その効果は、単に日常から離れて自分を俯瞰《ふかん》することにとどまらない。旅に出ることで新しい問いが投げかけられるのだ。

常に「普遍的な人間的価値」について考察し、発信を続けている茂木さんは、「旅をしてきたからこそ今の自分がある」と語っている。彼はこれまでどんな旅をしてきたのだろうか。その探求の旅の軌跡をつぶさに見てみたい。

## 旅の起点は『赤毛のアン』

茂木さんの旅の原点はカナダにある。

「小学5年生で『赤毛のアン』と出会ったときに、僕の旅は始まりました」

学校の図書館で読んだ『赤毛のアン』に衝撃を受け、たちまちその世界に夢中になったという。類まれな想像力と生命力にあふれた主人公のアンをはじめ、深い人間洞察に基づいて描かれた個性豊かな登場人物たちに魅了された。そして、何よりこの本との出会いが、西洋に対して強烈な憧れを持つきっかけになったと、茂木さんは後に振り返っている。

物語の舞台カナダのプリンス・エドワード島についてもっと知りたいし、もっと近づきたい。地図を部屋の壁に貼って、さまざまな空想にふけった。赤い道ってどんな感じなのだろう。アンが「世界一美しい島」だと言っている場所を自分の目で見てみたい。憧れは増幅していった。

そんな茂木少年は中学生になると、なんとカナダのプリンス・エドワード島州観光局にエアメールを出し、観光パンフレットなどの資料を現地から送ってもらったという。

「プリンス・エドワード島から封筒が届くとうれしくてね。パンフレットを開けると島の情報が満載で、いつ行けるかわからないのにワクワクして、気分が盛り上がりました」

プリンス・エドワード島のパンフレットは、日本の観光パンフレットとは中身が違うことに茂木少年は驚いた。日本のパンフレットには詩的なキャッチコピーが並んでいて、観光地のイメージを全面に打ち出して旅心を誘うものが多かった。それに対して、プリンス・エドワード島のパンフレットは宿泊施設やレストランを含め現実的な細かい情報が充実していて、エリアごと地図にも落とし込まれている。とても実用的だと感じたそうだ。

「今思えば、あのパンフレットから、すでに異文化を感じていましたね。きちんと真面目に情報を伝えたいという姿勢が感じられました。その情報を見て想像を膨らませるのがすごく楽しかったんです」

一生懸命情報を集めて想像を膨らませる段階と、実際に旅して本物と出会う段階。どちらも貴重で大切な旅の経験だ。その場所を訪れる前の、想像の段階があったからこそ、後の茂木さんの旅は特別に意義深いものになった。

「当時プリンス・エドワード島州観光局に日本から直接資料請求していた中学生なんて他にはいなかっただろうね」。茂木さんは楽しそうに笑う。現地の情報を直接求めに行ったからこそ、また一歩近づくことができた。

だが、やがて想像するだけでは満足できなくなってくる。何としても実際にカナダに行きたいと思うようになった。今、ここにいる日本にはない、より素晴らしい生活が西洋にはある。どうしてもその世界に行きたい。

そこで、茂木少年はある雑誌社が募集したカナダ行きの懸賞論文に応募した。そして見事に当選した。15歳で初めて海外へと旅立ち、バンクーバーで3週間ホームステイをしながらランガラ・カレッジの英語レッスンに通うことになったのだ。

## キツかった「人生ゲーム」事件

飛行機でバンクーバーに着いて、ホームステイ先に到着したときのことは生涯忘れられない。着いて1分も経たないうちに、ホスト・ファミリーの息子たち、トレバー（当時10歳）とランディ（当時8歳）にせがまれ、「人生ゲーム」をすることに。高1だった茂木少年は英語を勉強するためにこの家にやって来たのだが、子供たちは「夏休みにお兄ちゃんが来て遊んでくれる」と待ち構えていたのだった。英語もまだ流暢《りゅうちょう》とはいえない茂木少年には極めて苦しい状況だったが、それでも人生ゲームでは「結婚した！」「破産した！」と片言の英語と身振りを駆使してリアクションしては、子供たちを笑わせ期待に応えた。

「人生ゲーム事件は今までの人生で一番キツかったな〜」と嘆く茂木さん。それから2人の子供たちはすっかり懐いてしまったそうだ。テレビドラマを見ればすぐに茂木少年の顔を見上げて「あのひとはgood guy（いい人）なの？　bad guy（悪いヤツ）なの？」などと聞いてくる。日本から来たお兄ちゃんは何でも知っていると思い込んでいるようだった。こちらはつたない英語力でス

ホームステイのファミリーとは今も交流が続いている

トーリーも満足に追えてはいないというのに。

しかし、苦しくとも逃げるわけにはいかない。あの憧れ続けた『赤毛のアン』の国にやっと来ることができたのだから。

ホームステイ中、茂木少年はデイリー・クイーンのチョコディップ・アイスクリームを買ってもらうのが、とてもうれしかった。すごくおいしいものを食べさせてもらったときには、日本で勉強してきた英語で感動を込めて「プリティ・グッド！」と言った。「プリティ」という響きが好きで、気に入っていたのだ。ところが、何度目かのときに、ホスト・ファミリーから微妙な表情で「もしかして、『ベリー・グッド』と言いたいの？」と聞かれた。「プリティ・グッド」は「まあまあだね」というときに使う表現だったのだ。他にも『メリー・ポピンズ』で覚えた「（ほっぺが落ちるほど）おいしい」という意味の英語「スクランプシャス（Scrumptious）」と口にしては、「全く大げさすぎる表現だよ！」と笑われたりもした。教科書や本から得た知識と、カナダで実際に使われている英語表現は違っていたのだ。日本で生まれ育った人が外国語を学ぼうとするとき、誰もが同様の恥ずかしい思いをした経験があるのではないか。

しかし、悪戦苦闘しながらも、茂木少年は決して黙り込んだりしなかった。日が経つにつれて、英語力もコミュニケーション力も向上していった。英語を使いこなせるようになりたいという思いもますます強くなった。

「あの3週間の学びは本当に大きかった。ものすごく濃密な時間と経験だったと思います。あの経験を乗り越えた先に、広い世界が待っていたのですから」

英語を身に付けたことで、世界中の情報をキャッチできるようになった。自分からも広い世界に向けて発信することができるようになった。

## 「カナダの父ちゃん」との出会い

ホームステイ先のご主人はカナダ柔道連盟の副会長・会長を歴任した世界的に有名な柔道家のジム・コジマ氏。親しい交流は40年以上経った現在も続いていて、茂木さんにとっては「カナダの父ちゃん」だ。ジムさんはこれまで茂木さんの人生に大きな影響を与えてきた。ジムさんとの出会いこそが、この旅の一番の宝だったといって過言ではない。

「ジムは会社の経営者だし、柔道界のリーダーですが、僕がホームステイしていたときも、夕方5時には家に帰ってきて、6時くらいから家族全員で食事をして、夕食後は庭で息子たちと一緒にフットボールの練習をしていました」

仕事や会社に縛られがちな当時の日本のお父さんたちとは決定的に何かが違う。「Ｗａｙ ｏｆ Ｌｉｆｅ（生き方の流儀）」ともいうべき何か。自然とのつながりに感謝し、家族との親密な時間に喜びを見出す。大切なことを感覚的にわかっていて、人として慈しむべき生活の楽しみやゆとりを享受している。

クイーン・エリザベス公園でホスト・ファミリーとバーベキューしたときのことも印象に残っている。バーベキューといっても、パテを買って焼いてパンに挟むシンプルなもの。あとは野菜を切ってタッパーに入れて持参して、ディップを付けて食べるだけ。ほとんど準備も片付けもいらないので、全然ストレスがない。日の長い夏は遅くまで明るいので、家族がおしゃべりしながら気持ちの良い夕時をゆったりと楽しむ。季節折々の花々が美しい公園なので、近くでは新婚カップルがタキシードとウエディングドレス姿で写真撮影をしている。

また、リッチモンドの自然公園では、自生しているブルーベリーを摘んで好きなだけ食べてもいいと言われ、驚いた。容器に入れて持って帰るのはダメだけれど、その場でならいくら食べてもＯＫというルールだ。大事なルールは守るが、細かいことは気にしない。リラックスしたオープンなカナダ式ライフスタイルは、日本の常識と全く違っていた。人生は豊かに、今生きていることを楽しむためにある。だからこそ、生活をポジティブなエネルギーに変換して、毎日を幸福に過ごすことができるのだ。

街を歩いていると地元の住人と思われて道を聞かれることがよくある。旅行者ですと言っても、「こっちに移住するの？」と質問されたりする。そこには「こっちに来ちゃいなよ」というニュアンスが含まれているが、圧は感じない。なんとなく内と外の境界が曖昧だ。良い意味で他人にも興味を持ってくれるのだ。

「ホームステイの終わりの頃、ジムが本当の息子に説くように僕に向かって語りかけてきたんです。『これからはこうやって生きていくんだぞ』とかね。日本ではそんな経験がなかったからびっくりしました」

ホームステイの後は、日本に帰る前にバンフに旅行した。カナディアン・ロッキーの雄大な自然とバンフの街の美しい景観に感激した。夜のキャンプ場では、空に揺れるオーロラを見ることができた。一晩中空を見上げていたので、翌日はバスの中で眠り込んでしまった。生涯忘れられない、心輝く思い出だ。

「あの旅以降、自分の中ではっきりと、将来はグローバルな文脈で意味のある仕事をしたいと思うようになりました。高1でのあの経験があったからこそ、現在の自分があります」。茂木さんは目を閉じて当時に思いを巡らせていたが、しばらくして言葉を続けた。

「でもね、あのとき僕の世界はまだ英語圏が中心で、北米やイギリスの文化において自分が評価されたいと思っていたんです。でも、グローバル化が進んで、今の僕はインドや中国、アフリカやラテン・アメリカも全部含めて、トータルで人間の本質が見えてくるような仕事がしたいと考えています。振り返ってみると、僕がホームステイしていた当時からカナダにはそういう雰囲気があった。ホスト・ファミリーの一番の仲良しは南アフリカから移民した家族だったし、いろいろな国からの移民が住んでいて、あの頃からカナダはずっとグローバルだったのです。15歳の自分は自然とそういう雰囲気を感じていたんだと思います。『赤毛のアン』に憧れてカナダに行ってみたら、カナダには『世界』があったんです」

## 「日本人が考えていることがわからない」

ジム・コジマ氏は日系3世で、1942年にバンクーバー近郊のリッチモンドで生まれた。まもなく真珠湾攻撃によって太平洋戦争が勃発し、日本が敵国になったことで、家族は家財を没収され、ブリティッシュ・コロンビア州から内陸のアルバータ州に強制移住させられた。何年もの間、テンサイ畑で働いた後、終戦後にようやくリッチモンドに戻った両親は、再び何もないところから苦労して生活を立て直したそうだ。やがてジムさんは柔道で頭角を表し、国際柔道連盟の審判員に

カナダの父ちゃん、ジム・コジマさん

選出され、6回のオリンピックに参加。柔道界を代表するリーダーとしてカナダ柔道連盟の副会長・会長を歴任した。世界の柔道界への貢献により、「カナダ勲章」と日本の勲章「旭日章」も受勲している。

何年も前の話になるが、TEDに出席するためバンクーバーを訪れていた茂木さんをジムさんはリッチモンドの南に位置する港町スティーブストンに連れて行った。スティーブストンはかつてサーモン缶詰加工業の中心地として栄え、19世紀後半から多くの日本人移民が住んだところだ。ジムさんは子供の頃生活のためにこの缶詰工場で働いていたことを話してくれた。現在缶詰工場はジョージア湾缶詰工場博物館として一般に公開されているが、博物館を見学すると当時働いていた人々の暮らしぶりやつらい仕事の様子が伝わってくる。初期の日本人移民たちは過酷な条件で働きながらも生活を築き上げ、カナダ社会に貢献してきたのだ。カナダと日本のつながりに思いを馳せることで、日系人が日本に対して抱く思いが理解できた。

ジムさんのこれまでの苦労や日本への思いを知って、カナダという国がより立体的に見えたと茂木さんは語る。

「ジムは2009年に当時天皇陛下だった上皇様がブリティッシュ・コロンビア州を訪問された時に、拝謁できたことをとても誇りに思っていました。旭日章を授与されたときも大変喜んでいました」

そのジムさんが、茂木さんに真顔でこう言ったそうだ。

「日本はこれだけ経済的に発展してきたのに、日本人の思想とか意思とか主張とか、何も見えてこないんだよ。日本人が何を考えているのか全然わからない」

その時はまだ返せる言葉がなかったと、茂木さんは振り返る。

「日本の中にいると、みんな細かいところでやり合っていて、足の引っ張り合いなんかも見られますよね。それはきっと村の中で秩序を保つためには必要な知恵だったんだと思います。だけど、カナダから日本を見ると物事の本質しか見えてこない。本質のところでちゃんと生きようって背筋が伸びるのです」

## ジェネリック・ヒューマン・トゥルース

どんな地域のどんな人にでも通じる「普遍的な人間的価値」を、茂木さんは「ジェネリック・ヒューマン・トゥルース」と呼んでいる。旅を重ねることで、一人一人が違って多様であることを知る一方で、人間はどこでも本質的には変わらないと気づくこともできるのだ。おいしいものを食べたいとか、愉快な仲間と一緒にいたいとか、幸せの方程式は意外と似ているもの。文化や価値観の違いがあっても、人間は本質で共感できる。

百年以上前のプリンス・エドワード島を舞台に書かれた『赤毛のアン』が、21世紀の日本でも読みつがれ、共感を呼んでいることも、「ジェネリック・ヒューマン・トゥルース」の一つの証だ。

茂木さんがプリンス・エドワード島を実際に訪れたのは、大学院生になってからだった。現実の島を旅してみると、そこは少年だった頃の自分の想像をはるかに超えていた。最初は『赤毛のアン』の世界に足を踏み入れた感動に浸ったが、次第にプリンス・エドワード島自体の魅力に目覚めていった。高い建物がないので空が大きく広がっていて、どこまでもなだらかな緑の丘が続いている。『赤毛のアン』の舞台アボンリー村のモデルとなったキャベンディッシュから、ノースラスティコという漁村まで、自転車を借りてサイクリングした。

「そこの海の美しさ！　赤土の道の先に真っ青な入江が延びていて、無限の色の変化が起こる。赤土

の赤から青紫、そして海のブルーへと」（「『赤毛のアン』に学ぶ幸福になる方法」茂木健一郎著）

広大な自然や人の優しさが心を解き放ってくれる。レストランで食べたバケツ山盛りのムール貝がおいしくて、バケツをもう一杯おかわりして食べた。物語を生んだカナダという国がどんどん愛しくなっていった。

「自分の心の故郷というか、気が合うところって、案外遠くにあったりするんだと思います。日本を一度も訪れたことのないアーサー・ウェイリーが『源氏物語』を翻訳したように。彼が住むイギリスのケンブリッジとは全く違うにもかかわらず、きっと心通じるものがあったのでしょうね。もう一つ例をあげると、高畑勲監督のアニメ『赤毛のアン』は、今も圧倒的な影響力です。『赤毛のアン』の一番良いところを捉えて表現したのが誰かといえば、もしかしたら日本の高畑勲かもしれない。日本とカナダの友好関係のベースには、お互いの本質がわかり合えることがあるのです」

茂木さんはまた、カナダ東部モントリオールが本拠地のアート・サーカス『シルク・ド・ソレイユ』や夏のコメディー・フェスティバルの『ジャスト・フォー・ラフス』が大好きだと言う。

「フランス語と英語を母国語とする両方の人たちが暮らす街だから、身体で表すアートや笑いといった、言語を超えた表現がすごいんです。二つの公用語、多文化のカナダならではだと思います。それは、逆に日本人にとっても参考になることではないでしょうか。海外では日本語はわかってもらえないことも多いので、ジェスチャーが有効です。身体表現はわかり合うための最終手段でもありますし、人間のコミュニケーションの原点でもあると思います。『シルク・ド・ソレイユ』や『ジャスト・フォー・ラフス』はそういう意味でも本当に素晴らしい。それも、僕がカナダで学んだことです」

文化を超えてわかり合うためには、心を開いて全身で表現することが大事だ。あるとき茂木さんが東京のレストランで食事していると、元Jリーガーの中田英寿氏の誕生パーティーが催されているところに偶然居合わせた。誕生日プレゼントに素敵な靴をもらった中田氏は、その靴を履いてレストランの中を5メートルほど楽しそうに走って喜びを表現した。たくさんの旅をしてきた彼でなければできない反応であり、身体表現だと、見ている茂木さんも楽しくなったそうだ。

「旅を重ねるといい人になれるんですよ」

なぜなら、いい人じゃないと旅は楽しめないからだと茂木さんは話を続ける。

「人を信頼できなければ旅を満喫できません。宿に泊めてもらうにも、食堂で地元の料理を食べさせてもらうにも、相手を信頼していなければ楽しめないでしょう。旅を重ねた人ほど、人を信頼する大切さを学んできたはずです」

初めてバンクーバーでホームステイしたときに、毎日学校の行き帰りにお世話になったバスの運転手さんが心に残っているという。いつもにこやかに乗客と挨拶を交わしていた。おばあちゃんが乗り降りするときは待っていてあげるし、子供には今日も元気かと声をかけた。一人の人間として誠実に運転手さんの仕事をしつつ、コミュニティーを支えている温かさを感じた。そういう場面の一つ一つが、信頼について教えてくれたような気がしている。

「旅ではコントロールできないことが起こるので、人間力が問われます。特にトラブルや想定外の出来事が起こった時にどう対応するかで人間性がわかるでしょう。飛行機に乗り遅れたとか、宿の予約が取れてなかったとかね。僕はどんなときもニコニコ笑っていたい。より良い人になれるのも、旅の効能ですね」

## 日本人としての内なる視点

原点となったカナダの旅の後、茂木さんはイギリスのケンブリッジ大学にポスドクとして留学し、以来長年にわたって学会や講演のため世界中を旅する日々を送ってきた。旅を始めた頃、海外はキラキラして見えた。しかし、当たり前のことだが、現実は決してキラキラしているだけではなかった。

「朝散歩すれば、6時に出勤して真面目に仕事をする人たちが通り過ぎていく。海外も日本と同じなんだ、ということがわかります。イギリスやアメリカで、世界の知を牽引《けんいん》する学者たちや知識人たちと同じフィールドで勝負する厳しさも身をもって知りました。海外が日常になったときに、キラキラがなくなって見えてくるものがある。日常レベルで、海外から日本がどう見えるかということとに自然に向き合うようになりました」

「西洋かぶれ」では世界と対等に戦えない。西洋への強烈な憧れや海外に住みたいという願望は、茂木さんの中で少しずつ変化していった。日本人である自分が世界に向けて意味のある仕事をするためには、どうするべきかを考えるようになったのだ。

「僕たち日本人には、歴史的・文化的に培ってきた感性があり、価値観があり、美意識があります。その中で試行錯誤することによって、新たな物を造り、価値を創造し、意見を生み出し、文化を成熟させてきた。その土台なくして、世界に発信していくことなどありえない」（「『赤毛のアン』に学ぶ幸福になる方法」茂木健一郎著）

日本人として「普遍的な人間的価値」を創造することが重要なのだ。自らの「内なる基準」に誠実に、日々高みを目指し、世界と切磋琢磨していかなければならない。

茂木さんはまた、旅を重ねながら「今、ここにいる」ことの大切さを深く理解していった。この瞬間は二度とない。まさに一期一会だ。だからこそ、今を生きることに人生の意味がある。自分の周りにある小さなものに注意を払うこと。自分が何を見て何を感じているのかに心を澄ますこと。心の揺らぎを繊細に捉えること。それは「オーバービュー・エフェクト」とは対極にあるようにも思える、小さな、内なる視点である。

15歳の旅で生まれた「僕って誰なんだろう、何のために生きているんだろう」という問いへのヒントは、「今、ここにいる」自分を見つめることにあったのだ。チルチルとミチルが遠くの国を旅して探しても捕まえられなかった青い鳥が、実は自分の心の中にいたように。

## ベストセラー「IKIGAI（生きがい）」

２０１７年、茂木さんは初めて英語で執筆した著書『ＩＫＩＧＡＩ（生きがい）』をイギリスの出版社から刊行した。日本における生活様式、文化、伝統、考え方や人生哲学を「生きがい」の視点から考察した画期的な日本人論だ。控え目さと調和を愛し、「今、ここにいる」小さな喜びを大切にする――。日本人が古来より守ってきた素朴な価値観が、幸せに生きるための手引として世界中で大きな反響を呼び、これまで約30カ国で翻訳出版されている。ドイツでは２０２４年、ノンフィクション部門で38週間にわたってベストセラーとなり、ド

『IKIGAI』ドイツ語版は2024年、ノンフィクション部門で累計38週ベストセラー1位を記録し、社会現象となる。2025年も記録更新中

ラマでも取り上げられるなどの社会現象となっているそうだ。

茂木さんは日本語版への序文でこう述べている。

「日本に住んでいると、なかなか、日本の本質がわからない。外からの眼で見たほうが、かえって日本の本質がわかる。日本を知るためには、一度日本を離れなければならない」

茂木さん自身の旅による探求によって見出され、新しい言葉で紡がれた生きがいの概念が、人種や文化を超えて多くの人々に共感されている。日本で育まれた「ジェネリック・ヒューマン・トゥルース（普遍的な人間的価値）」が、世界に大きな影響を与えているのだ。

かつて日本人の思想が見えてこないと嘆いたジムさんは、茂木さんの『ＩＫＩＧＡＩ』を手にして感無量だったことだろう。

「ジムからもらった宿題をやったというわけではないのですが、心から喜んでもらえて本当によかったと思います」

『ＩＫＩＧＡＩ』は、歴史的・文化的に培われた日本人特有の感性や美意識から生まれた人生哲学だ。しかし、カナダも『ＩＫＩＧＡＩ』の国だと茂木さんは言う。お金を儲けたい。社会で活躍したい。地位や名誉が欲しい。そういった成功を追い求めることも大事かもしれないが、それはあくまでも人生において「プロキシー・ゴール（仮そめの目的）」にすぎない。我々は、つい「プロキシー・ゴール」に心を奪われがちだが、本当に大切なことは、その向こう側、あるいは、そのこちら側にある。生きることの喜びそのものにある。どんなに成功しても、自分が苦しくなったり、家族や友人との関係が損なわれてしまったりしては意味がない。

「仮そめの目的ではなく、カナダは人生そのものの目的を大切にしている国だと思います。『赤毛のアン』を読んだときも、15歳で初めてカナダを訪れてカナダの人たちと触れ合ったときもそう思いました。今でも鮮明に覚えています。だから、『IKIGAI』を出版した今、人生の伏線が回収されていくようで感慨深いのです」

日本の「IKIGAI」とカナダの「Way of Life」は深いところでつながっている。

## 「旅ラン」こそが達人の極意

茂木さんは外国に行っても名所旧跡を巡ることはしない。

「最近はどこに行っても『旅ラン』しかしていません。走ってその街を立体的に理解して、まるでそこに住んでいるようにその空間を楽しむ。これは長年の積み重ねで到達した僕の旅の極意です」

「旅ラン」とは「旅×ランニング」を略したもので、その名の通り旅行先でランニングを楽しむこと。クルマや公共交通機関での移動だけでは〝点〟でしか印象に残らない。自分の足で歩いたり走ったりすれば、〝線〟でつなぐことができる。ランニングという速度だからこそ拾い上げるその土地の魅力がある。それは人だったり、動物だったり、風景だったり、その土地の生活の知恵だっ

カルガリー近郊のウィスキー蒸留所で

たりとさまざまだ。走るテンポで風景が変わっていくなかに、意外な発見や学びがある。

だいたいのコースだけを考えておいて、あとは行き当たりばったりで「こっちのほうが面白そう」と、本能的に感じた道を選べばいい。手軽で、自由で、自然体だ。次にどっちの方向に行こうかという感覚や本能を目覚めさせるためにも、旅は効果的なのだ。「脳は偶有性が好物」と茂木さんが述べる通り、「何が起こるかわからない」という状態によって、脳の潜在能力が最大限に発揮される。

見知らぬ地を走る旅ランのもう一つの魅力は、「セレンディピティー」に出会えることだという。セレンディピティーとは、「思いもよらなかった偶然がもたらす幸運」を意味する言葉で、「幸運な偶然を引き寄せる能力」という意味で使われることもある。セレンディピティーによって、自分が意図していなかった行動や出会いから、新たなアイデアや解決策が生まれることがある。ときには、これまでの常識や経験を大きく覆すような学びにつながることもある。

茂木さんは著書『セレンディピティの時代』の中で、「脳も散歩をする」と書いている。神経細胞も、特にやるべきことが無いときには、脳の中をフラフラとお散歩するというのだ。このように脳がアイドリングしている状態を「デフォルト・モード・ネットワーク」というそうだ。脳が特定の課題に取り組むのではなく、いわば「ぼんやり」しているときに働き始め、記憶を整理したり感情を整えたりする機能があると考えられている。誰にでも、ぼんやりしているときに何かを思い出したり、アイデアがひらめいたりといった経験があるのではないだろうか。それと同じことが日々の生活でも起こるので、仕事を離れて「旅ラン」をしているときに、素敵な出会いや発見に気づくことがある。

## セレンディピティーに出会う

『文藝春秋』の取材のため、私は２０２４年６月に茂木さんとカルガリーの旅へご一緒する機会に恵まれた。茂木さんの旅のスタイルはいたってシンプル。カルガリー空港の到着ゲートで茂木さんにお会いした時には、スーツケースすら持っていなかったので、本当に驚いた。リュック一つに必要なものを入れて、あとはランニングシューズが入った小さなバッグのみ。身軽ないで立ちで、街の人たちの日常へと溶け込んでいく。

茂木さんは初日の早朝に一人で街を走り、ＩＢＭやＧｏｏｇｌｅなどハイテク先端企業のラボや、植物園の温室のように緑が繁茂するショッピングモールなど、私たちが知らなかったたくさんの面白いものを見つけて、昼食時にそこへ案内してくれた。茂木さんが15年ぶりに訪れたカルガリーは大きく変化していて、街にはアートがあふれていた。ビルとビルの間が「Ｐｌｕｓ 15」という空中回廊でつながっているのは、寒い冬でも快適に移動できる知恵だ。

また、翌日の朝には、緑地を走る茂木さんから、カナダ・グース（カナダ雁）のひな鳥たちが集団でヨチヨチ歩く可愛らしい動画が送られてきた。まるで絵本に出てく

旅のスタイルはシンプル。荷物も少ない

るヒヨコの学校みたいだ。茂木さんはダウンタウンからチャイナタウンの方角に走ってきて、公園に出くわしたのだった。緑地はボウ川を挟むように両岸に広がっていて、ゲートに「プリンシズ・アイランド・パーク」と表示がある。ダウンタウンにあるとは思えない自然豊かな公園は、カナダ・グースとたくさんのひな鳥たちで賑わっていた。トレイルに導かれるように走っていくと、橋が見えたので、茂木さんはランニングしながら渡ってみる。

そこには、丘を登る木の階段があった。上には見晴台があるようだ。階段を昇るにつれて気分が高揚してくる。すると、視界が開けて眼下にカルガリーの街を一望する絶景が現れたのだ。新緑が美しい木々の向こうにはトラウト（マス）が棲むボウ川がゆったりと流れる。そのさらに向こう側には個性的な高層ビルやクラシックなレンガ造りの建物、ライブラリーやスタジアムなどが見える。ボウ川沿いに立つ、ブロックを積み重ねたようなユニークなデザインのコンドミニアム周辺は特に住みやすそうだ。地元の人たちが思い思いに朝の散歩やジョギングを楽しんでいる。

新しい視点からカルガリーの営みを見下ろし、茂木さんは人生の深い歓びに満たされた。自然と見事に共生する都市では、人間も生き物たちも命を謳歌《おうか》している。美しい自然を大切にケアし、公共の場所を快適に維持しているカルガリー住民の、ここでの暮らしに対する深い愛着に共感を覚え、リスペクトの念が湧いてくる。まさに「ＩＫＩＧＡＩ」を体感した瞬間だった。

実を言うと、偶然私も前日に一人で同じ公園に行ったのだが、ひな鳥にも見晴台にも出会えな

カルガリーの街で旅ラン

かった。特徴あるデザインのコンドミニアムは覚えているが、それについても特別に考えることはなかった。常に仕事や雑事で頭がいっぱい、目的地に向かってまっしぐらという生活態度では、せっかくのチャンスを逃してしまう。やはり、「旅ラン」だからこそ素敵な出会いがあるのだ。茂木さんはこう述べている。

「脳の散歩は、いずれも日常の自分を世界に向けて開くことでもあります。『今、ここ』の周りにかすかにぼんやりと見えてくるなにか、そこに大いなる気づきが潜んでいることを、どうか忘れないで欲しい。フワーッと眺めたり、フラフラ歩いたり。そんなふうに世界と戯れる軽やかさが、魂の出会いには必要なのである」（「セレンディピティの時代」茂木健一郎著）

大きいテーマを考える鍵は、実は日々の小さな物事にある。仕事や雑事から離れて、脳を「デフォルト・モード・ネットワーク」に切り替える。そして、

「今、ここ」で見えてくる小さな出来事を捉え、気づくこと。「旅ラン」こそが、偶然の幸運に出会うための旅の習慣なのだ。

カルガリーの旅の最終日、わたしたちは買い物ついでにカナダの1ドルショップ（日本でいう100円ショップ）「Ｄｏｌｌａｒａｍａ（ダララマ）」に立ち寄った。茂木さんはそこで1冊1ドルのメモ帳を何冊か買って、そのうちの1冊を私に分けてくれた。せっかくなのでサインしてほしいとお願いすると、茂木さんは快諾してくれた。サインには、一言「Ｐｅｒｆｅｃｔ Ｄａｙｓ！」と添えられていた。

日本に帰国後しばらくして、私はそのことを思い出してヴィム・ヴェンダース監督の映画「Ｐｅｒｆｅｃｔ Ｄａｙｓ」を観た。東京・渋谷でトイレ清掃員として働く主人公は、日々を静かに淡々と生きている。その毎日は同じことの繰り返しに見えるかもしれないが、同じ日は1日としてなく、彼は毎日を新しい日として生きている。その物語には、日常の小さな奇跡を見逃さない主人公の、「今、ここにいる」人生の喜びと憂いがつづられていた。朝の新鮮な空気。木漏れ日の煌めき。人と心が通じ合う、その一瞬。それが生きている幸せだということが、感情の深いところから立ち上がってきて、私は強く心を揺さぶられた。

そして、突然思いがけなく、私は自分自身がこれまで目的に心を奪われて生きてきたことに気づいた。その目的は、突き詰めればプロキシー・ゴールに過ぎなかったと認めざるをえない。世界が今ま

カルガリーを案内人と歩く

でと違った場所に見えた瞬間だった。もしかしたら自分は今から変われるかもしれないと思った。

茂木さんは著書『今、ここからすべての場所へ』の中でこう述べている。

「『変わりうる』ということは、人生において一番大切なことなのではないか。それは、必ずしも『旅する』ことの中だけにあるとは限らない。しかし『旅』こそが、私たちの魂をざわざわと突き動かすことができることも確かである」

茂木さんとの旅は、私にとってまさに「セレンディピティー」だった。

## 「今、ここにいる」こと

２０２４年の日本の有効パスポート保持者の割合はたった17・５％だ。これは他の先進国と比べて極めて低い数値である。日本人が海外へ旅をしなくなっている現状を茂木さんはとても懸念している。

「僕の子どもの頃と比べると、日本はとても良い国になっています。あの頃、ジュースは粉ジュースだったし、テレビは白黒で、電子レンジもなかった。トイレもきれいじゃなかった。今は世界一美しいトイレが日本にあるほどです。みんなの努力で日本は良い国になったので、外国への憧れが減っている気持ちもわからないではない。だけど、一方で日本の将来には課題もたくさんあるのが現実です。特に人工知能やグローバル化ということになると、英語が苦手な日本人はうまく活用できていないと言われています。だから、今こそ謙虚に色々なことを経験して学ぶときではないでしょうか」

外国には日本のように便利なコンビニエンス・ストアはない。しかし、全く違った生活の喜びや知恵があることを知るだろう。逆に、外国に行って日本について新しい見方もできるようになる。ライフスタイルの多様性もわかってくる。

「日本の良いところを外国の人たちに伝える場面もこれからは増えてくるでしょう。漫画、アニメがこれだけ世界で愛されているし、大谷翔平選手がこれだけ活躍している。パリ・オリンピックでは金メダルの数も3位と多かったし、日本って何でこんなに強いの?って質問されることも少なくありません。自分たちの良さも見据えつつ、これから日本がもっと良くなっていくために、とりあえず、パスポートを取ってほしい。僕はリュックの中に常にパスポートが入っているんですよ。いつでも海外に行けるように!」

人生の問いに正解はない。教科書もない。不確実性に向き合って、いろんな経験をしながら自分にとっての正しい選択、判断をしていくしかない。一度きりの人生を真摯《しんし》に生き抜くことでしか本当の知性は出てこないと茂木さんは言う。そして、それは人工知能には決して真似できないことだ。

グローバルな文脈で常に本質的な問いに向き合い、普遍的な人間の価値や幸せについて発信し続けている茂木さん。その探求の旅は、15歳の茂木さんがバンクーバーで得た「オーバービュー・エフェクト」から始まった。そして、そこで生まれた問いを解く鍵は、「今、ここ」にある。

人生の可能性を最大限に引き出すためは、旅をやめてはならないのだ。

カナダ先住民の居留地で乗馬を楽しむ

# 地球は案外
# 小さいのだな

写真家

## 高砂淳二

旅に導かれて、地球の声を聞き、写真を通じて伝える。
それが自分の役割だと見定めた。
愛しい人と話すように、自然と向き合う。

高砂淳二さん

「自然写真家は人間と自然をつなぐ架け橋」と自らを語る、高砂淳二さん。撮影のフィールドは海の中から天空まで、地球全体だ。自然の風景や生き物、虹、星空、オーロラ。これまで40年間にわたって世界100カ国以上を旅してきた。

2022年には、自然写真の世界最高峰といわれるワイルドライフ・フォトグラファー・オブ・ザ・イヤー2022で「自然芸術部門」最優秀賞を受賞。イギリスのロンドン自然史博物館が主催し、自然の美しさを最大限表現している作品に与えられる権威ある賞だ。地球環境が変化するなか、より多くの人が地球への関心を高めてくれるようにとの願いが込められている。高砂さんの受賞はこの部門で日本人初の快挙として注目を浴びた。

高砂さんの作品は、写真家が自然や生き物と相思相愛でなければ撮れないものばかりだ。様々に変化する自然の姿や、生命の歓びにあふれる生き物たちの表情。奇跡のような瞬間を捉えた写真からは、地球の温かな心臓の鼓動や感情の機微までもが感じられる。自然と調和して一体となっているから、高砂さんの写真にはカメラの存在を感じない。

旅の初日、高砂さんは裸足になる。砂浜を歩いて海の水に足を付けると、心と体がふわ〜っと緩む。打ち寄せては引いていく波が、日常のしがらみや悩みを流し去ってくれるようだ。旅先が山や大地であれば、まずは歩く。森に入るときは「こんにちは。お邪魔します」と話しかる。リスペクトを込めて挨拶すると、部外者だった自分をスッと懐に入れてもらえる気がする。自分の心が開かれ、自然のバイブレーションが体に伝わる。そうなったら、撮影開始だ。まるで愛しい人に話しかけるように、高砂さんは自然と向き合う。

「愛情をもって自然に接すれば、自然は愛情をもって返してくれます」。高砂さんは自らの旅の経験からこう確信している。

そして少し間をおいてから、こう付け加えた。

「近年は温暖化や海洋プラスチックによる地球環境の変化をひしひしと感じています。その目撃者として自分の見たことや感じたことをしっかり伝えなければならないと思うようになりました」

長年旅をして、自然をずっと見つめてきたからこそ、今地球が疲弊していることを肌で感じている。

「愛情を込めて耳を澄ませば、地球の声が聴こえてきます。その声が人々の意識を目覚めさせ、もう一度自然とのつながりを取り戻すきっかけになってくれたらと願っています」

## 頭で考えすぎず、旅に出る

１９６２年、高砂さんは宮城県石巻市の漁師町で生まれた。幼い頃から海で遊び、大好物のウニやカキ、ホヤを食べて育った。同級生の３分の２は水産関係の仕事に就いたそうだ。

高砂さんは高校を卒業すると故郷を出て他県にある国立大学に進み、電子工学を専攻した。特に電子工学がやりたいわけではなかったが、その頃は景気が良くエンジニアは引く手あまただった。

ワーキングホリデーでオーストラリアを訪れた

しかし、入学したものの、全然面白くない。興味が持てないから頭に入ってこない。3年生まで頑張ってみたものの、これが将来やりたいことだとはどうしても思えなかった。これはまずいと思った。

そこで、1年間休学することを決めた。数カ月働いてお金をためた後、ワーキングホリデーに応募してオーストラリアに旅立った。

「旅をしたいと思うときは、何か変わるきっかけを求めているんです。あのとき俺は、自分の可能性を広げたいと思っていました」

初めての海外だったので、体験することの何もかもが珍しい。旅を楽しみながらグレート・バリア・リーフに立ち寄って、海を見た。明るくて透明なサンゴ礁の美しい海。故郷で慣れ親しんだ、磯の香りがする東北の海とは全く違っていて、しばらく言葉が出なかった。その後、ケアンズからブリスベンへ南下して西に向かって周遊すると、パースがとても居心地の良い街だったので、しばらく落ち着くことにした。グレート・バリア・リーフで「こんなにきれいな海があるんだ」と感動したことが忘れられず、パースでダイビングを始めた。しばらく滞在してダイビングを楽しんでいると、一緒に潜っていた仲間が「俺の写真が売れた！」と言うではないか。高砂さんは水中写真という仕事があることを知って驚いた。「これが俺のやりたいことだ！」と思った。

できる、できないは考えず、「俺は水中カメラマンになるぞ！」と決心した。その後シドニーに移り、その頃活躍していた水中カメラマンのワークショップを受けたりして練習した。

「頭で考えすぎずに旅をして、心に素直になってみたら、目の前にどんどん道が開けてきました。自分の心の声を聴くには、旅が必要だったのです」と高砂さんは語る。旅が示してくれた写真家への道を、高砂さんは進み始めた。

半年間のワーキングホリデー・ビザが切れるタイミングとなり、日本に帰国。当然の成り行きとして大学を辞めるつもりだったが、親戚の猛反対にあって、とりあえずもう1年在学することにした。大学にはほとんど行かず写真に熱中したが、担当教授はカメラマンを目指す高砂さんを応援して卒業させてくれた。

大学卒業後はトラック運転手をしながら夜間の写真学校に通い、少しずつ自分で写真を撮りためた。気に入った写真を選んでダイビング雑誌のフォトコンテストに応募したところ、その写真が見事に入選。高砂さんはさっそく編集部に押しかけて「俺を使ってください！」と売り込んだ。粘り強くお願いして、なんとか編集部にもぐり込むことに成功。念願のカメラマンになった。

最初は都内のダイビングショップの外観やインストラクターの写真を撮る仕事だった。モデル撮影や雑誌に掲載する読者プレゼントの物撮りなども指示された。それまでスタジオ撮影なんてやったことがなかったが、やったことありませんなんて言ったら仕事をもらえなくなる。

「『わかりました！』と、まずは引き受ける。それから急いで大きな本屋に駆け込んで、スタジオ撮影のライティングの方法を立ち読みしたりしました」

1回、2回と撮影を乗り切れば、できるようになる。見よう見まねでも、とにかく本番を経験することが上達の早道だと悟った。頭で考えすぎずにチャレンジする精神は、旅をして身に付いていた。度胸も行動力もしっかり鍛えられていた。

だんだんと認められ、伊豆や沖縄、サイパンへ水中写真の撮影に行かせてもらえるようになった。1年足らずで世界中の海の撮影を任せてもらえるようになった。それからは、とにかく旅が楽しかった。ずっと旅をしていたい。ずっと海にいたい。それがすべてだった。

「何もかも初めてでしたが、とにかく真剣に必死で勉強しました。現場で仕事をする以上に成長できることはないと実感しています」

気がつくと世界中あちこち旅をする人生が始まっていた。当時は旅行会社からの広告やタイアッ

ダイビング雑誌の仕事で世界中の海に潜った

プも多く、毎号海外特集が続いていたので、高砂さんは撮影のためほとんど日本にいないという状況だった。

夢中で海の写真を撮っていたが、海外取材を何度も重ねているうちに、やがて他のものにも目がいくようになった。取材の現場でダイビングをしている時間はせいぜい3～4時間だ。待ち時間に周りを観察してみると、陸の生き物や風景にも興味が湧いてきた。興味を引かれるままカメラを向けると面白くなり、どうしたら生き物にもっと近づけるだろうかと、工夫し始めた。

そんなある日、あまりにも頻繁に海に潜っていたせいか、撮影中に海の中で意識を失いそうになる出来事があった。それが何度か続いたため、体調の懸念から出版社が高砂さんに撮影を休むよう指示してきた。取材に出られない状態が続き、何となく宙ぶらりんで編集部に居場所がなく感じられたので、思い切って会社をやめてフリーランスになった。陸の撮影を中心に仕事を受け、また海の浅い場所ならと水中写真の撮影も再開した。様子を見ながら、少しずつ深いところに潜ってみたが、それ以来、不思議と体調の異変は全く感じなかった。

体調は元通り。やる気も満々。変わったことといえば、会社をやめてフリーになったことだけだ。3年間出版社で仕事をした実績や人脈もあったので、撮影の依頼がどんどん舞い込んだ。はからずも、フリーランスになったことで撮影した写真は自分のものになる。その後の3年間でいろいろな写真を撮りためて、最初の写真集を出すことになった。自分が海を旅して感じた開放感をイメージして、タイトルを『ｆｒｅｅ』とした。

海の中で光を浴びると、なんともいえない浮遊感があって、体が水に溶けてなくなってしまいそうだ。意識だけが海に浮いているような、不思議な感覚を存分に楽しんでから陸に上がると、今度はビーチならではの気持ち良さがある。寄せる波の透明感などを撮って、その気持ち良さを表現した。

「最初に海に潜ったときの、うわーっ、海って気持ちがいいなーっていう感動は今でも忘れられません。その思いを込めて写真集にしました」

最初の写真集『ｆｒｅｅ』はヒット作となった。高砂さんは、「ああ、ずっと好きなことをやっていてもいいんだ」と確信した。大学3年生の時、心に素直になって旅に出たら、道が開けた。なるべくその気持ちを、心の声を聴くことを大事に生きていきたいと高砂さんは思った。

その頃、映画『グラン・ブルー』の主人公のモデルとなったジャック・マイヨールさんの本を出すため撮影の依頼があった。人類で初めて、素潜りで水深100メートルに到達した伝説のダイバーは、海が好きな男にとって憧れの存在だ。「ぜひやりましょう！」と即座に快諾した。1カ月半カリブ海に滞在して、ずっとジャックさんと一緒に行動し、共に海を潜ってイルカと泳いだり、クジラを撮影したりした。

「イルカやクジラに近づく時、ジャックさんが絶対に威圧感を与えないようにしている姿に心を打たれました。クジラのいる場所のはるか手前でボートのエンジンを切って、手漕ぎでアプローチを繰り返すのです。イルカの群れと無理なく一体となるために、イルカを決して追いかけず、イルカたちが来るのを辛抱強く待っていたことも印象に残っています」

そんなジャックさんの謙虚な姿を見て、動物にアプローチする時にどんなことを考えているのかと高砂さんは尋ねた。すると、

最初の写真集「free」

伝説のダイバー、ジャック・マイヨールさん

「I Love You! とただただ語りかけているだけさ」とジャックさんは答えたという。

その後も高砂さんはジャックさんと共にいろいろな国へ旅をして、海と生き物に対する彼の深い愛情やリスペクトから多大な影響を受けた。そして、クジラを追ったり、イルカと触れ合ったりしながら、次々と写真集を出していった。

海の世界を深く知ったことで、高砂さんはやがて水中と陸上の生き物の関係にも目を向けるようになった。いろいろな自然を見れば見るほど、多様な生き物のつながりに興味が湧いてくる。地球はどういう仕組みなんだろう。そんなふうに意識が働くことで、もっともっと旅が面白くなった。生き物や自然とのコミュニケーションがさらに深まり、写真の作り方が変化してきた。

「その頃から俺はだんだんと陸に上がってきたんです」

海から陸へ。高砂さんが生物の進化みたいに言うので、思わず吹き出してしまった。

## 夜の虹の祝福

世界中を旅しながら興味を引かれるままに写真を撮っていた高砂さん。ある時、ハワイに家族で1カ月半滞在する機会を得た。娘の幼稚園の友達の家族から、ハワイに親戚がいるので一緒に行こうと誘われたのだ。気軽な気持ちでついて行って毎日写真を撮っていると、その友達の親戚から先住民の男性を紹介された。

「スピリチュアルで不思議な雰囲気の人でした。俺はすっかり彼の魅力にハマって、弟子入りしたんです」

その人はカイポ・カネアクアさんという名前だった。カフナの家系に生まれ、体の不調を訴える人たちに代々伝わるロミロミを施し、薬草や海藻、ノニなどを処方して病気を癒していた。カフナとは、僧侶であり、同時に熟練した技術を持つ専門家でもあり、ハワイに人々が移住し信仰を始めた時から神々と人間を取り持つ役割をしてきたと伝えられている。カイポさんのもとには、癒しを求めて世界中から人々が訪れていた。

カイポ・カネアクアさんから多くのことを学んだ

高砂さんはカイポさんの簡素な診療所兼住まいに毎日通った。自然とのつながりや意識のあり方、植物を使って心身の不調を治す方法など、カイポさんは先住民に伝わる知恵を惜しみなく教えてくれた。ハワイ古来の知恵に触れ、高砂さんの世界観は大きく変化していった。

ハワイにいると、「アロハ」という言葉をよく耳にする。アロハとは、一言でいえば「愛」のこと。感謝や喜びを分かち合うというニュアンスも含まれている。先住のハワイアンは、何よりもまずアロハを大切に生きてきた。「なんて真っ直ぐな人たちだろう」と高砂さんは思った。カイポさんは高砂さんにこう言った。

「アロハを持って大地に接しなさい。そうすれば大地はアロハで返してくれる。アロハを持って自然に向き合いなさい。そして、人と接するときはアロハを分かち合いなさい」

高砂さんは毎日アロハを意識して写真を撮るようになった。森に入るとき、カイポさんの教えを実践して、アロハの心で森に接するようにした。生き物に向かうときも、ただ「撮るぞー！」と迫るのではなく、近寄る前にまず「アロハで行こうね～」と声に出して言った。驚いたことに、愛情を持って接すると、被写体と自分の間に温かいものが通い出すことに気づいた。

アロハは求めるものではなく与えるもの。与えることで自分にもアロハがあふれ、アロハが循環し始めるのだという。人間がどういうふうに接するかによって、自然の反応も変わる。それは人間同士も同じ。つまり、自分の環境は自分が作り出すもの。自分が対象をどう見てどう接するかにかかっているのだ。

こうして、高砂さんの写真にアロハが循環するようになった。写真を見る私たちの胸にも、あふれるばかりのアロハが伝わってくる。自然や生き物と相思相愛になった。

そんなある日、カイポさんが高砂さんに尋ねた。

「夜の虹って知っているか？」

知らないと答えると、カイポさんは言った。

「夜の虹はこの世の最高の祝福を意味するんだよ」

まさか太陽が出ない夜に虹が出るとは思ってもいなかった。カイポさんによると、満月の光を受けて、まれに夜でも虹が出ることがあるのだという。そんな不思議な虹があるなら、ぜひ見てみたいと高砂さんは思った。

その3日後、暗くなってから月の写真を撮るために出かけた。あまり天気が良くなかったので、良い写真が撮れそうもない。「ああ、これはダメだ」と諦めて、泊まっているコンドミニアムに帰ろうと車で引き上げた。とうとう雨が降ってきた。すると、後部座席に座っていた友人が空にぼやっとなにか見えるという。車から降りて見たら、なんと虹だった。

カイポさんから夜の虹の話を聞いたばかりだ。そんなことがあるのかと驚きつつも、いつかは見てみたいと思った夜の虹が、今この眼の前に現れている。しかも完全なアーチを描いて。信じられない思いだった。

「『うわー、これはやばい』と思いました。夜の虹はハワイアンでも見たことある人は少ないんです。急いでシャッターを切りました」

神秘的な光景に圧倒されながら夢中で撮影した。撮影している間、興奮のあまりずっと鳥肌が立っていた。昼間の虹が現実だとすると、夜の虹はまるで目をつむって見える心の中の虹のような不思議な光景だった。目に見えないけど本当はある、もう一つの世界を垣間見たような気がした。

ハワイから帰国した後も、夜の虹を見たときの感動が忘れられない。もう一度見たいという思い

夜の虹に深く感動した

は日増しに強くなっていった。

「それ以来、俺は夜の虹探し人間になりました」

こうして、高砂さんの虹を巡る旅が始まった。夜の虹を求めて、何度もハワイに通った。そして、撮りためた写真をもとに『ｎｉｇｈｔ ｒａｉｎｂｏｗ 祝福の虹』という写真集を出した。その後は虹そのものに魅了され、世界中の虹を撮りに行った。ニュージーランド、北米、アフリカ。カナダで撮影されたナイアガラの滝にかかる虹は、私も大好きな写真だ。

虹は祝福であると同時にもう一つ意味があるのだと、高砂さんはカイポさんから教わった。アーチを描く6色は肌の色や民族の違いなどを象徴している。違う色それぞれが輝き合って、その違いを乗り越える架け橋が虹なのだという。（ハワイでは虹を6色と表現するそうだ。）

先住民は白人に支配されてきた。同化政策のもとに言語を奪われ、伝統文化を実践することも禁止され、殺されてしまうことすらあった。

「魔術を使う者もいるという恐れから、アメリカ人はカフナを禁止したそうです。ハワイの人々は、アンダーグラウンドで見つからないようにして、細々とカフナの知恵と伝統を守ってきました」

弟子になったばかりの頃、カフナの血筋を引くカイポさんの患者や生徒が白人ばかりだったことに、高砂さんは驚いた。白人に対してもカイポさんは心を尽くして病気を癒やし、植物や海藻で病気を治す方法を優しく教えていたからだ。高砂さんは思い切って聞いてみた。

「先住民はこれまで随分いじめられて大変だったはずなのに、どうしてカイポさんは白人にも優しいんですか」

すると、カイポさんは一言「アロハだから」と言った。高砂さんには腹落ちできない思いが残った。後日、カイポさんにさらに質問してみた。「カフナの持っているたくさんの知恵のなかで最も大切なことは何ですか」。カイポさんは高砂さんの目を見て答えた。

「CREATION（クリエーション、創造）だよ」

肌の色が違う人がいたり、男と女がいたり、戦争になって攻める方と攻められる方がいたり。私たちの間には色々な違いがあるけれど、その違いは神から与えられたもの。違いをちゃんと克服しなさいというメッセージが込められているのだとカイポさんは言う。違うもの同士が混ざり合ってそこから新しいものを作り出すこと。それが「CREATION」だ。たとえ相手が同じように思っていなかったとしても、真摯《しんし》にアロハを持って創造に努める。それが一番大事なことなんだと教えてくれた。

「俺はもっと深遠な奥技のような答えが返ってくると想像していたんです。でも、『違いを克服しなさい。そこから新しいものを作るんだ』というのがカイポさんの答えでした。すごく深い知恵だと思いました」

ハワイは「虹の州」と呼ばれている。それぞれの異なる肌の色のまま、それぞれの異なる個性を輝かせ、虹はアーチを作って創造の橋をかける。虹は祝福であると同時に、先祖がその知恵や癒やしを与えに来ているしるしなのだ。不思議なことに、虹を探して世界中を旅しているとき、カナダやアメリカの先住民も高砂さんに同じことを語った。

「意見の違いや、過去の不幸な歴史もある中で、頑張って、奮闘して、その違いを乗り越えて、一緒に何か新しいものを作り出す。それが人間の最も重要な知恵なのです。先住民はひどい仕打ちをされ、苦しい歴史を乗り越えてきました。にもかかわらず、その知恵を外部から来た人たちとも分かち合う。尊敬の念に満ちる思いでした」

高砂さんは写真を撮るために何年間も虹を追いかけて旅を続けてきた。しかし、もしかしたら、本当はこのメッセージに出会うためだったのかもしれないと、心揺さぶられた。

「旅をしてきて、いろいろな人に出会って、この啓示を得られたことが自分にとってすごく大きな意味があることだったのです」

今、世界は分断の問題を抱えている。先住民が分かち合ってくれた知恵を持って虹を見ると、世界の捉え方が全然違ってくるではないか。

「自然を撮る写真家のほとんどは、見える自然を追いかけています。もちろんそれも自然が好きだからだと思います。でも、俺は見える自然の奥にある、見えないものに引き付けられて撮っています。そういう視点を持てば、自然にはいろいろなサインやメッセージがあふれているのが見える。それはまた、自分自身を映す鏡でもあるのです」

## カナダ先住民との出会い

しばらく前のことだが、高砂さんはある雑誌の取材でカナダのフォート・マクマレーを訪れた。その何年か後、オーロラの撮影を目的に家族で再びフォート・マクマレーに滞在した。そこで、以

先住民クリーのデイビッドさん

前取材した先住民クリーのリーダーであるデイビッドさんに偶然再会することになった。

　デイビッドさんは先住民の精神性や知恵、伝統文化などを伝えるために力を尽くしているという。高砂さんが強い興味を示して話に聞き入り、質問したりするので、高砂さん一家を自宅に招いてくれた。そして、以前インタビューで彼の写真を撮ったことに話が及び、お互いに再会できたことを喜んで、大いに盛り上がった。すると、デイビッドさんは高砂さん一家のために、クリーに伝わる儀式を行ってくれた。彼は鷹や熊や狼のスピリットを呼んで祈りを捧げたのだ。

　その翌日、デイビッドさんは高砂さん一家を伝統の儀式スウェット・ロッジに誘ってくれた。デイビッドさんの家に到着すると、すでにクリーの仲間7～8人が集まっていた。みんな少しシャイで日本人とよく似ている。自分の親戚といるようで、とても居心地が良かった。しばらく雑談した後、男たちは外に出て、たき火で熱せられたいくつもの大きな石ころをスコップでテントの中に運び込んだ。焼けた石を真ん中に置いて水をかけると、水蒸気で蒸し風呂のようになる。あたりが薄暗くなるのを待って、男性は上半身裸になり、女性はTシャツ姿で、テントの中に入る。ものすごく熱くて、早くも意識が朦朧《もうろう》としてくる。

テントの真ん中にある石を囲み、ぐるっと輪になって座る。やがてロウソクの灯も消され、正真正銘の暗闇となった。デイビッドさんのお祈りの後、参加者が一人ずつ順番に発言する。この場所に居られることへの感謝や自分の近況、反省すべき行い、将来に向けての意思などを話す。いかに生きるか、何が大事かを改めて自分に問い直し、大地や精霊に感謝する。

焼けた石に水をかける音がして、水蒸気がさらに濃く充満して暑さが増す。全員が話し終わると、デイビッドさんがまた祈り始めた。マラカスを鳴らすような音がする。すると、不思議なことにその音があちこちに飛び回り始めた。そして、鷹が飛ぶようなバサバサッという羽音がし、その気配はテント中を飛び回ったかと思うと羽が頭のあたりをかすめたように感じた。別の世界に魂だけが迷い込んだようだった。

やがて儀式が終わってフラフラとテントの外に出ると、外はすっかり暗くなっていてマイナス20度だった。ピンと張り詰めたような澄んだ空気に、すべてが洗い清められ、生まれ変わったかのように気持ちが良い。空には満天の星が輝いていた。

ふと地平線近くに目をやると、薄緑色のオーロラが淡くぼんやり光っていた。デイビッドさんは慌てて家に戻り、太鼓を持って戻ってきた。そして、仲間と太鼓を叩きながら夜空に向かって歌い、踊り始めた。すると、なんとオーロラはぐんぐんと天頂に向かって広がり、いろいろな色彩を放ちながら激しく揺らいだ。デイビッドさんは高砂さんに語りかけた。

「オーロラは先祖の現れなんだ。仲間が倒れて死んだ時も、オーロラが静かに降りてきて魂を吸い上げていったんだよ」

先祖の霊が降りてきて、癒やしや知恵、祝福を授けてくれる。高砂さんは夜の虹と同じだと思った。感謝の念が込み上げてきた。高砂さんの意識は夜空に溶け込んでしまうようだった。

高砂さんの旅の軌跡は、単なる自然現象や生き物との出会いではなく、見えないものとの魂の交流だ。夜の虹やオーロラに導かれて旅をしたことで、自然と人間の間には我々が思っているよりももっと深いつながりがあることを高砂さんは理解した。まさに、人生のターニングポイントとなった。

## 自然と仲直りする

高砂さんは旅をしながら自然と相思相愛の関係を作ってきた。ところが、突然、想像もしなかった悲しい出来事が起きた。２０１１年の東日本大震災だ。

石巻にある高砂さんの実家も津波で大きな被害に見舞われた。

「俺にとって原点は石巻の海でした。食べるものもそこで獲れるカキとかホヤ、サンマやカツオで育ててもらったのです。ずっと『海っていいよね～』と感じながら生きてきたのに、その海が自分の故郷を全部飲み込んで、近所の人もいっぱい死んでしまった。どんなふうに海と付き合ったら良いか、しばらくわからなかったですね」

実家は流されはしなかったが、家の中にまで津波が押し寄せた。両親は向かいにある水産高校に避難していて命は助かった。人間の都合だけではない地球の都合もあるということを思い知らされた。他の生き物が干ばつになって死んでしまったり、寒すぎて死んでしまったりするなかで、人間はそれを避けられるよう家を作ったり、エアコンを作ったり、食べ物も養殖したりして、生き延び繁栄してきた。でも、どうにもならないこともあるのだ。駄目なときは駄目なんだと、もう一度考えさせられた。

しばらくは海を見るのも嫌だった。震災の直後、ある週刊誌から宮城の海に潜って写真を撮ってきてほしいと仕事の依頼があったが、「できません」と断った。とんでもない、とてもそんなことはできないと思った。どうしても、以前のように無邪気には自然を撮影できない。しばらく悶々とする日々が続いた。

半年以上が過ぎても、状況は変わらなかった。自然写真家がいつまでもこうして鬱々としているわけにはいかない。気持ちは焦るばかりだ。

そんな時、ハワイ島の先住民の女性から「ホオポノポノ」について教えてもらったことを思い出した。ホオポノポノとは、周りとのバランスやあるべき関係を取り戻すという意味。よく使われる場面は、智恵者が仲介者になり、けんかしたもの同士が「ホオポノポノ」し、仲直りする時だ。根本にあるのは、周りに対して「アロハ」の気持ちを忘れず、何かあったときにはリスペクトを持って相手を許すこと。けんかしているときは、お互いにリスペクトがなくなって思いやるよりも攻撃が先になってしまう。しかし、もう一度「アロハ」を思い出して許し、話し合うことで、だんだん和解していける。そうすれば周りとのバランスが整い、良い関係を取り戻せる。これが「ホオポノポノ」の知恵だ。

「そういう知恵も教わっていたのに、自然との関係が俺の頭の中でぐちゃぐちゃになっていた。ずっとわだかまったままだったので、改めて頭を整理して、ホオポノポノしなくてはと思いました。それで、もう一度世界を旅して、自然の美しい表情を見ていくべきだと思ったのです」。旅で出会った言葉が蘇り、進むべき道を照らしてくれた。

その頃、日本で高砂さんの写真展があり、過去に撮影した自然や生き物の写真を展示していた。来てくれたお客さんのなかに、作品を見て「海怖い！」と言っている子供がいた。

「やっぱり、みんな怖いんだよね。そういう子供たちにももう一度自然の美しい場面を見てもらいたいし、俺も美しい自然に出会って関係を取り戻したいと思いました」

そういう気持ちになれるまでに、1年間ほどかかった。そして、高砂さんは再び旅に出た。向き合わずにいては何も変わらない。自分から出ていって、自然とちゃんとコミュニケーションをとって、できれば仲直りしたい。そんな思いで写真集『Ｄｅａｒ Ｅａｒｔｈ』の制作を始めた。

関係を修復するためにまず訪れた場所はカナダだった。カナダは地球を見るにはもってこいの場所だと思ったからだ。

「カナダは本当に大きくて、北極圏から南の深い森林地帯まで豊かで多様な自然がいっぱいです。そして海もある。氷もある。生き物もいっぱいいる。地球に会いに行こうと思ったとき、真っ先にカナダを思いました」

自然の厳しさを目の当たりにする一方で、温かくて優しい一面も感じられる。生き物はみな、死と隣り合わせの環境で命を謳歌《おうか》しているのだ。人間もまた、他の生き物同様に、地球を構成する一つの細胞として今を生きているのだと感じられた。この旅で、高砂さんの心は次第に癒やされていった。

## 自然と一体になる

高砂さんが初めてカナダを訪れたのは、１９９４年。アザラシの赤ちゃんにどうしても会いたくて、ケベック州のセントローレンス湾に浮かぶマドレーヌ島に行った。それまでは南の島ばかり訪

あざらしの赤ちゃんに会いたくて、マドレーヌ島へ

れていたので、カナダの海で流氷の世界に出会い、生き物が真っ白で愛らしいことに感動した。マドレーヌ島にはその後もアザラシの赤ちゃんの撮影のために何度か通った。

ブリティッシュ・コロンビア州のキャンベルリバーでは、グリズリー（ハイイログマ）の親子を撮影した。サーモンがいっぱいいる川で、小さいボートに乗って待っていると、サーモンを探しながら熊がだんだん上流に上ってきた。子熊が2匹むしゃむしゃ夢中でサーモンを食べ始めて、お母さんはリラックスした様子で周りを見渡している。そのときに高砂さんは母熊と目が合った。目を見て心で優しく話しかけながらシャッターを押した。

オンタリオ州キングストンの近くで冬にシロフクロウを撮影したときのことは、今振り返っても笑いが込み上げてくる温かい思い出だ。これまでの生涯で最も愛が通った被写体はシロフクロウかもしれないと高砂さんは思う。

その時、高砂さんはどうしてもアーチのように目を閉じたシロフクロウの写真が撮りたかった。しかし、フクロウはとても敏感で耳も良い。遠くからでも獲物や天敵の動きをキャッチでき、センサー能力が半端ない。どれだけ近づけるかわからないが、やってみよう。

子守唄を歌うというアイデアがひらめいた。こちらの気持ちがゆったりしてくれれば、多分相手もゆったりしてくるはずだ。

「あさっての方を向いて、知らん顔して子守唄を歌ってみました。とにかく最後は寝てもらわないとならない」

子供を寝かしつけるように、力を抜いてゆったり歌いながら、少しずつ少しずつ近寄っていく。すると、あと10メートルという距離まで近づくことができ、そこで狙い通りにシロフクロウは目を閉じた。なんとも言えないユーモラスでのんびりした、幸せそうな表情だった。

「寝ているところをパシャっと撮らせてもらいました。とにかくかわいいんですよ。白いのは特にかわいい」

高砂さんは魚や鳥とも気を合わせているようだ。若い頃から武道が好きで合気道に励んできたからかもしれない。目に見えない気の世界や、意識と体のつながりに興味を持って探求した。合気柔術にも夢中になり、相手と気を合わせて使う技に没頭していった。その境地は、自然の写真を撮るときにも役に立ったという。

「人間だって、正面から『さあ、撮るぞ』ってグイグイ来られたら『嫌だな』ってなるでしょう？　だから、正面切っては行かない。自分の体は少し横に向けておいて撮るとか、気をそらします。大きな人が来ると威圧感があるから、屈んでなるべく小さくなる。そして力を抜いて相手の心に気持ちを添わせているうちに、一体感が生まれるんです」

例えば、高砂さんがカナダのチャーチルでホッキョクグマを探している時に、キツネが現れた。「あ、キツネだ！」と思ったけれど、距離は２００メートルほど離れていた。車を止めてちょっと外に出てみたら、キツネは脱兎のごとく逃げていった。３００メートルくらいの所まで逃げてから、立ち止まってこちらを見たので、「これはすごい怖がりだな」と理解した。一か八かという気持ちで、そこに寝転んでキツネに話しかけてみた。仰向けのまま「おーい、キツネ！　俺は高砂っていうんだぞーっ」と何度も声を出して話しかけていると、キツネ

高砂さんの子守歌で目を閉じたシロフクロウ

がだんだんと近づいてきた。怖さもあるが、興味も感じている。警戒心を減らしてあげれば、好奇心が頭をもたげてくる。

「最後は5～6メートルのところまで近寄ってきたので、そっとカメラを取り出して撮りました。そのやり取りが楽しいんですよ」

また、1人で軽トラックを借りて運転していると、若いホッキョクグマに出会った。高砂さんが声を出して興味を惹いてみたら、トラックの後ろにやって来て、荷台を揺すり始めた。

「もう、相手の気持ちが手に取るようにわかって、すごく面白いんです。哺乳類は特にそういうやり取りができる。どうやったら興味を持ってくれるか、どうやったら相手とつながれるかを試すのがすごく面白い」

生き物だけでなく、「場」も同じだと高砂さんは言う。先住民の世界観では大地や海は母なのだ。先住民は自然とつながった生き方をしているから、土足で入っていくようなまねはしない。森や海に入る時、一つ一つの動作に愛情を込めてその場にいることで、お母さんは私たちを受け入れてくれる。なるべくなら、美しいと思っている気持ちをしっかり伝えると良い。そうすれば、お母さんはもっと美しい表情を見せてくれるだろう。お互いの交流が生まれてきて、その場に現れる良いサインや良い場面をちゃんと感じられるようになる。目には見えないものと、つながれる方法があるのだ。

そもそも、自然と人間はもっと近しい、親しい関係だったはずだ。旅を重ねるにつれて、高砂さんに地球の声が聴こえてきた。

「昔の日本には『自然』という言葉はなかったんです。仏教用語の『じねん』という言葉があっただけ。でも、明治になって外国から『ネイチャー』という単語が入ってきて、何と訳せばいいだろうということになった。じゃあ、『じねん』じゃなくて、『自然（しぜん）』と読ませましょうかと。それまでは、人とその周りにある木とか生き物とかを別の概念で分ける発想がなかったのではないかと思います。欧米人は自分以外の周りのものを『ネイチャー』と分類して区別するけれど、もともと日本人には森羅万象との一体感があったのです」

私たちの中に残っているその感覚を、旅が呼び覚ましてくれる。

「地球は親のような存在です。時期になるとちゃんと木の実がなって、脂の乗った魚を近くに泳がせてくれる。食べ物はすべて大地や海から育つようになっていて、栄養分やビタミンもそこにはいっぱい入っている。それを全部黙って与えてくれる。それってお母さんですよね」

それなのに、人間がやりたい放題やってしまったから、お母さんはすっかり疲弊してしまった。疲れ切って、すっかり別の関係になってしまった。

「日本人も戦後アメリカナイズされて、消費主義に染まってしまった。カネを払ったら俺のものだといって何もかも取り放題。機械を作ってどんどん資源を搾取する。大地をただの土塊《どかい》としか見ていないし、海をただの水の塊としか思わない。全く別の生き方になってしまって、結局取りすぎて自然のサイクルが全然回らなくなってしまった。ちゃんとお母さんの様子を見ながらうまく付き合っていけば良いものを。そうすれば健康なまま、いつもおいしいものをもらって幸せに生きていけたのに」

日常生活を離れ、旅をして自然と触れあえば、もっといろいろなことを地球から感じられる。地球に生きるものすべてが、お互いにケアし合いながら一緒にいることが、本来の姿なのだと肌で感じることができるはずだ。

「東京に長く居ると、だんだん自分の感覚が自然と切り離されていくような気がします。例を挙げれば、自分を守るためだと思い込んで、みんな一生懸命抗菌したりするでしょう？　菌を毛嫌いするけれど、そもそも微生物がいないとこの世は成り立たないのにね」

人間はいったいどこに行きたいのかと、高砂さんは問いかける。

## 母なる地球とともに

世界中を旅するようになり、地球の俯瞰《ふかん》図のようなイメージができた。このあたりは氷の部分、真ん中辺は生物が多い部分、このあたりが山河で、ここから海というように。地球は丸くて、すべてはつながっている。まさに水の惑星だ。

そして、高砂さんは「地球は案外小さいのだな」と思うようになったそうだ。地球は大きくて、少しのことでは影響されないという感覚があったが、実は思ったよりもずっと繊細だった。

「俺たちの体は手足や脳や内臓など、たくさんのパーツが集まってできていて、それぞれが機能して成り立っている。同じように、地球もいろんな部分が集まって繊細なバランスの上に成り立っています。地球は生命体で、自然は決して無限ではないのです。俺たちの身体の中に無数の細胞や微生物がいて生命を維持してくれるように、実は人間も他の生き物もみんな地球の健康を維持する仕組みの一部で、それぞれが役割を担っていると思うのです」

だから、地球の働き全体を見ないといけないのだ。全員が役割を果たしながらつながっているからこそ、一つ一つの活動が意味を持つ。人間がそれをバラバラにしか見ていないせいで、自然を過剰に搾取して仕組みを壊してきた。プラスチックを大量に作って、始末がつかなくなってしまった。人間は、まず地球の仕組みや働きを理解してリスペクトしないといけないのだ。

高砂さんは今、撮影するだけでなく、地球環境が変化している現実を伝える役割も担っている。だんだんと地球環境の変化が深刻になり、この現実を伝えなければいけないと思うようになったからだ。

カナダのマドレーヌ島では、2月末にアザラシたちが流氷の上で一斉に赤ちゃんを産む。氷の上で生まれた赤ちゃんは真っ白い毛皮でふわふわだ。陸上や水中の天敵から守るために氷の上で産むのだが、近年は温暖化の影響でこの氷がどんどん減っている。高砂さんが初めて訪れた30年前にはマイナス30度にもなる極寒で、氷も厚く、硬い氷の上にヘリコプターで降り立って撮影することもできた。しかし、5年前に訪れたときには氷がすっかり減っていた。なんとか撮影はできたのだが、その1週間後に現地の知人から悲しい知らせが届いた。みるみるうちに氷が解けてしまったので、アザラシの赤ちゃんはみんな死んでしまっただろうというのだ。生まれたての赤ちゃんは最初の2週間は母親のおっぱいをもらって成長し、それからまた2週間かけて母親と泳ぎの練習をしてからようやく独り立ちできるのだ。この期間、氷がなくては生き延びることができない。

「その後も温暖化がとまらず、2年前はついに一つも流氷が来なかったそうです。だから、アザラシのお母さんは仕方なく陸に上がって赤ちゃんを生みました。しかし、陸上では野犬などが来て食べられてしまう。赤ちゃんが白くても、氷の上でなければ保護色にならないので意味がなくなってしまった。このままでは、この場所で続いてきたアザラシの生の営みに終止符が打たれてしまうことになりかねません」

チャーチルのホッキョクグマも危機的状況に置かれている。ハドソン湾の氷は数週間も早く解けるようになり、氷が張る時期はどんどん遅くなっている。ホッキョクグマは主に氷の上に出ていってアザラシを獲って食べるため、絶食状態におかれる期間がどんどん長くなっているのだ。痩せて健康状態は悪くなり、繁殖も困難になっている。

「カナダは北に広いので、氷の境界線を見渡すことができます。氷があったのになくなったという境目や、氷の張り方が劇的に変化していることが明確にわかるから、温暖化の影響や環境の変化を目の当たりにさせてくれる場所です。言いかえれば、カナダは地球の声を聴かせてくれる場所なんです」

地球を土の塊として見るのではなく、人間やすべての生き物を生かしてくれている一つの生命体として、愛情とリスペクトを持って向き合えば、行動の一つ一つが変わってくるはずだと高砂さんは訴える。地球の声を聴き、切り離されてしまった自然ともう一度つながる方法をすべての人が考えてくれることを切に願う。

「今や80億もの人間が地球に暮らしています。足るを知らなければ、地球はいくつあっても足りない。便利な暮らしや豊かになることを優先した結果、今の社会が出来上がっているなら、もう一度次の社会のありかたを考え直す必要があるのです」

高砂さんは世界各国を巡り、写真展や講演会を通して写真に込めた思いを直接人々に伝え続ける。

「これまで、旅をしながら目の前で起きたことや出会った人、なんとなく気になったことや好きになったこと。そういうことに気持ちを向けて旅をしていたら、逆に自分が導かれていました。自分のやるべきことに引き寄せられてきたような気がします」

チャーチルのホッキョクグマ

# 身体がどう反応するのかを感じるのが楽しい

作家

# 西 加奈子

ふらりと出かけた遠い国で、自分は自分だと思い知った。
自分の身体で体験し、目で見たことが、
やがて作品に昇華していく。

西加奈子さん　（撮影：若木信吾）

人間味あふれる力強い作風で幅広い年代から支持される作家の西加奈子さん。笑いあり涙ありの心温まる小説では、現代社会でもがきながらも希望を見いだしていく人々の姿をリアルに描く。読後には、自分を信じて前向きに生きる力が湧いてくる。２００４年に『あおい』でデビュー。２００７年には『通天閣』で織田作之助賞、２０１３年に『ふくわらい』で第一回河合隼雄物語賞、２０１５年『サラバ！』で第１５２回直木三十五賞など、これまで数々の文学賞を受賞している。小説の他にも、ノンフィクション、絵本など精力的な執筆活動を続けるほか、画家でもあり、自作の装画も多く手がけている。

西さんはイランに生まれ、エジプトと大阪で育った。異文化の環境で子供時代を過ごした西さんは、大人になってからは、チベットやブータン、キューバ、アルゼンチン、マレーシアなど約20カ国を旅し、２０１９年から３年間カナダのバンクーバーに滞在した。

西さんがどんなディープな旅をしてきたのか、ぜひ聞いてみたかった。ところが、西さんからの答えは意外なものだった。

「私は〝ザ・日本人〟みたいな旅をしてきました。いろんなとこ行くの好きなんで、休みができたらぱっと行って、１週間でせわしなく見て周って、ぱっと帰ってくるような旅が多いですね」

独身時代は、海外に住む友達に会いに行くなど、目的のある旅がほとんどだった。作家仲間から興味の向く場所に旅行に誘われると、「いこ、いこ！」と一緒に行った。結婚して子供が生まれて

独身時代に訪れたロサンゼルス

からは、プールがあることを最優先にホテルを選び、ホテルの敷地内でのんびり過ごすような旅も多くなった。
　誰かと楽しい時間を過ごすために旅をしたい。旅から特別な何かを得ようなどとは思っていないと、西さんは語る。
「『この旅で私は変わるぞ！』なんて意気込んで行くことはありません。ともかく楽しんで行ってきます。小説でも『何かを得よう！』と思って読んだことは一度もないんですよ。ただ好きだから読んで、読んだ後にどうしようもなく何かを得てしまうのが、私にとっての小説。旅もそれに似ていますす。旅をした結果、何かをもらっちゃった、みたいなことがあるんです」
　西さんは旅から何をもらったのか。それを理解するためには、西さんがこれまでの人生でどんなことを感じ、考えてきたのかを見ていく必要がある。

## 「美しい」って、誰が決めたのだろう

１９７７年に父の赴任地イランのテヘランで生まれ、幼い頃から西さんは多民族と多文化に囲まれた環境で育った。イラン革命が起きた２歳のときに日本に帰国するが、その後また小学校の１年生から４年生までをエジプトのカイロで過ごした。

大阪に戻って小学校５年生に編入すると、西さんはとにかく目立たないよう、その環境に「埋没できるよう」努力したそうだ。努力の甲斐あって学校にはすぐ馴染み、「あっという間に日本的になった」という。それからは特になんの疑問も持たずに日本的な価値観のなかで育ったが、17歳のときに世界の見方が大きく変わる出来事があった。黒人女性初のノーベル文学賞を受賞したアメリカ人作家トニ・モリスンの『青い眼がほしい』という本に出会ったのだ。大恐慌時代のアメリカ中西部を舞台に、白人の容姿に憧れる黒人少女の1年間を描いた作品だ。

この小説には、主人公の少女が白人のベビードールをもらったが喜べない、というシーンがある。世間ではこの人形がかわいいとされている。でも、肌も目の色も自分と違うし、どうしてこの人形がかわいいのかわからない。だから少女は人形を破壊してしまい、周囲の大人からひどく怒られた。西さんはこの場面を読んで衝撃を受けた。確かに少女の感じた通りだ。「きれい」とか「美しい」って、誰が決めたのだろう。

「高校生だった私と周りの友達は、常にかわいくなりたいとばかり思っていました。でも、何を基準にそう思ってきたのか、何をもって『かわいい』と思ってきたのか、問いを突き付けられたんです。自分は『目が大きかったらいいのにな』とか、『痩せられたらいいのにな』とか言ってたけど、それってほんまに自分が思ってたんかなあ、と。小説や旅は、常にこうした新しい疑問を与えてくれます。人間は自分の目でしか物事を見られないからこそ、新しい視座を得ることが大切なんだと思います」

27歳でデビューして小説が売れるようになると、作家友達に誘われるまま、いろいろな国へ旅に出るようになった。旅先では、皆あまり写真を撮らずにメモやスケッチをしている。それは小説にするためではなく、あくまで自分のための旅の記録だ。旅で深く心に残ったことがあれば作品に書くこともあるが、旅をするのはみんなで一緒に楽しむためだ。

## 祈るときはみんな同じ顔

作家仲間に中国語を話せる人がいて、彼女にはチベット人の知り合いがいた。その友人から声をかけてもらったのが、チベットに旅をしたきっかけだった。西安から鉄道に乗ってチベットへ行く10日間の旅の間は、考えさせられることの連続だった。西さんは現地に着くまで、チベットの人々がどんな暮らしをしているのか、何も知らずに行ったからだ。

「ガイドさんによれば、学校教育が中国語なので、子供はチベット語を話せないんだそうです。我が子とチベット語でコミュニケーションが取れないことを嘆いていました。また、私は観光客なので、ポカラ宮を見てただ単純に『すごい！』と感動しましたが、そこには悲しい歴史があることを知って言葉を失いました。自分には帰る国があって、日本のパスポートがあれば私たちはどこにでも行けるけれど、それは決して当たり前のことではないんだと思い知りました」

西さんはある寺院でバター彫刻を見て、その精巧さに目を見張った。

「本当にすごい彫刻なんだけれど、作者の名前はないんです。お坊さんがただ仏様に捧げるために作っているからで、お金を稼ぐために作っているわけでもない。しかも、バターで作っているから、溶けていってしまうんです。それを見て、なんて美しいんだろうと泣けてきました」

その後しばらくして、西さんは雑誌の企画でブータンへ行く機会があった。

「車に乗っていると、ボロボロの服を着た人たちが五体投地をしながら移動していくのが見えたんです。信じられない光景でした。この先、目的地らしきものが何も見えないのに、いったいどこまで行くん？って驚きました」

それは、東日本大震災の直後のことだった。仕事とはいえ、そんなタイミングで旅に出た西さんの精神状態は不安定だった。そんな西さんに、会う人たちが「日本のために祈っています」と言ってくれる。

ブータンでは祈ることの大切さ、強さを知った

「祈ることの大切さ、強さが胸にしみ入りました」

実のところ、日本を発つ前に、西さんは様々なメディアから震災についてのコメントを求められていた。しかし、全く言葉が浮かんでこなかった。

「私が『祈っています』というのはおこがましいだろうと思ったり、いろいろ考えてしまったりして。しかし、ブータンで祈りが本当に身近にある人たちに出会って、良い意味でも悪い意味でも祈りが過剰な意味を持たないことを目の当たりにしました。ただ自然で当たり前のことなんだと。それで、すごく泣いてしまったことが忘れられません。祈ってもいいんだ。私も祈りたかったらただ祈っていいんだと思えたら、涙が止まりませんでした」

そして、ブータンの人たちをうらやましく思った。祈りがこんなに身近にあるなら、きっと強くなれるだろうと。

「人は祈らざるを得ないのだろうと思います。カイロのイスラム教徒もそうだったし、インドのバナラシに行ったときもヒンズー教徒がみんな祈っていて、それぞれ国や文化も違うけれど、祈るときはみんな同じ顔をしていました。本当に違う神様に祈っているのかなと不思議に思いました」

旅を重ねるうちに、ただ祈ることの力が西さんの身体にしみわたっていった。

ブータンでは、人々が砂で曼荼羅《まんだら》を作っていた。その静かな眺めに、また涙があふれた。その行為や作品の美しさそのものに感動したことも確かだが、何よりも自分がここに来たからこれを見られたのだということを思って泣けてきた。

「私が私の身体でここに来なかったら、私の中にはバター彫刻も砂曼荼羅も存在しなかったのです。私がこんなに涙を流すこともなかった。どんな経験も自分の身体を通してでしか得られないんだと、改めて気づいたんです」

## 自分は自分でしかない

キューバの旅も忘れられない。初めて訪問する社会主義国で、なかなか行けないところだ。どんなことに出会うだろうとワクワクした。着いた途端にアメリカ製の携帯電話が圏外になった。街には看板もない。情報が何もない。

「行くのも大変だったし、自分が常識だと思っていたことも通じない。まさに〝圏外〟でした。それに、パスポートにはキューバ入国のスタンプはないから、自分がキューバに行ったと確認できるのは、自分の思い出によってだけなんです」

世界の果てともいえる遠い国への旅だった。こんなところまで来たんだという感慨が、西さんの心を揺さぶった。そして、どんなに果てまでやって来ても、結局、自分は自分でしかないことも痛感した。キューバにいても、キューバの人にはなれない。

「私はこの世界を生涯私の網膜を通してしか見ることができない。この世界は自分の身体を通してしか確かめられないんだと、キューバで改めて感じたんです」

誰かと一緒に同じ時間を共有していても、彼らの見る世界と自分が見る世界は違う。身体が違うし、それまで生きてきた蓄積も違うのだから、同じものを見ても感じ方が違うのは当然だろう。隣にいる人の視点は、絶対に自分には手に入らない。私たちは一元的にしか世界を見られないのだ。

「それで絶望するのと同時に、安心する気持ちにもなりました。自分の身体から絶対逃れられないってことは決定してええんや。じゃあ、自分の身体で体験したことは、めちゃくちゃ確かだということやないですか」

旅を通して、西さんは自分の身体感覚をより深めていった。

普段の日常生活のなかでも努力して意識すれば、自分の輪郭を確かめることはできるだろう。また、病気になったり、ピンチになったりすれば、人は改めて自分自身を顧みるはずだ。でも、西さんは遠くまで旅したからこそ、どこまで行っても自分は自分だということを確かめられた。

「だから、旅ってすごい大切やな、と思います。旅って楽しいけどちょっとした危機でもあり得るので、自分と向き合わざるを得ないんです。じゃあ、自分は自分の感じたことを感じるしかないし、自分の身体で生きていくしかないんです」

その手応えが、『サラバ！』を書くきっかけになった。西さんが作家になって10年目に全身全霊を注いで執筆した作品だ。直木賞受賞作であることは先に述べたが、上・中・下巻の長編小説で、売上は１２０万部を突破している。

キューバでは「自分の身体で生きていくしかない」との思いを強くした

この小説は、主人公の圷歩《あくつあゆむ》が生まれてから37歳までの半生を語る自叙伝の形式で進んでいく。もちろん西さんが創作した架空の物語で、歩は男性だ。だが、私には『サラバ！』は西さん自身の魂の旅の物語だと感じられた。

西さんは、例えばチベットやブータンの旅で得た体験を、第五章「残酷な未来」に書き留めている。絶望した歩の姉が、世界放浪の旅の末に、自分自身のなかに信じるものを見つける場面だ。

「『あなたはこの彫刻を見るためにやってきたんですね。』

その言葉は半分間違っていたし、半分正しかった。私はこの彫刻を見るためにチベットに来たんじゃない。でも、来たのよ。私はここに来た。（中略）

私がここに来なかったら、この彫刻を見ることはなかったし、私の涙はなかったのよ。」

「あなたが信じるものを、誰かに決めさせてはいけないわ。」と題された最終章に読み進むと、小説を書き始めた歩が語る。自分が出会った時間、出会った人、自分の目で見てきたすべてを「書くことで少しでも留めておきたかった」と。

さらに、この最終章の後段では、歩が読んだ本に線を引いた箇所として、ミラン・クンデラの『笑いと忘却の書』の一節が引用される。

「そう、そうなんだ！　やっとわたしにはわかった！　思い出したいと望む者は同じところにとどまって、思い出が一人でに自分のところまでやってくるのを待っていてはならないんだ！　思い出は広大な世界のなかに散らばっているので、それをみつけ、隠れ家の外に出してやるために、旅をしなければならないんだ！」

どこまで行っても自分は自分でしかない。だから、自分の信じるべきものは自分の身体とともにある。私たちは旅をして、すでに知っているはずのそのことを発見し、理解していくのかもしれない。

## 私は旅を信頼している

いろいろな土地を旅しているうちに、動物さえも生まれた場所によってこんなに違うものかと西さんはしみじみ思った。

「生まれ変わったらバンクーバーの犬になりたいと思いました。飼い主だけでなく、周りの人たちからも、めちゃくちゃ愛されていて、公園やビーチを走り回って伸び伸びしていて。動物も人間も生まれた場所によって性格や顔つきが決められるんやなと思いました。環境や社会からは逃れられないし、悲しいほど影響を受けている。自分の体が一つであることは間違いがないから、それをちゃんとわかった上で、なるべく自分自身でありたい。本来の自分１００％は無理だと思うけれど、せめてなるべく自分自身のパーセンテージを大きくしておきたいって思うんです」

高校時代にトニ・モリスンの小説に出会って「美しさって、誰が決めているのか」と衝撃を受けたことが、西さんの心にずっと種として残っていた。その疑問は、30代以降どんどん膨れていった。

「例えば小さい頃に心に傷を負った人がずっとそのことから逃れられず、今も恋愛や対人関係に影響しているのを見たら、その人の人生って、どこまでその人のものなのだろうって考えます。社会的に見たらもう立派な大人なのに、私たちは自分の子供時代や育ってきた環境からこんなにも逃れられないんだとがくぜんとすることもありました」

西さんは、職業的にも性格的にも自分は比較的自由な生き方をしてきたほうだと思っている。それでも、自分の持つ意見は本当に自分の意見なのだろうか。自分の考えだと思っているものが、実は深層で社会的に影響されて生じているものなのではないかと問い続けた。

「私はSNSをやっていませんが、以前はアカウントがなくてもツイッターとか閲覧できたんです。先ほど言ったトニ・モリスンにすごく影響を受けたので、ブラック・ライブズ・マター（Ｂｌａｃｋ Ｌｉｖｅｓ Ｍａｔｔｅｒ、ＢＬＭ）の運動が起こったときに、尊敬している作家たちが何を言っているのか見ていたんですよね。それで彼女たちの意見に感動して賛同して、それをあたかも自分も思っていたことのように錯覚してしまうんですよ。でも、ちょっと待ってと思って。自分は多分いきなりこの意見にたどり着ける人では無い。自分は本来、間違って、間違って、間違って、勉強して、勉強して、勉強して、ようやく最終的にこの考えを持てるはずなのに、尊敬する他人の意見を即席でトレースしてしまっている。自分がその人と同じだと錯覚しているけど、それはちゃうぞって怖くなりました」

それ以来、ニュースに触れるときは、なるべく初見で自分がどう思うかを意識して考えるようになったという。たとえ間違っていようが、それが自分の意見なんだと確認することが重要なのだ。

「自分をそこまで信頼していないので、自分の中の自分自身の割合を少しでも大きく保っておくよう注意しなければならないと思っています。自分はもっと時間をかけて、あるべきプロセスを通って自分で考えるべきなんです」

一方で、自分にとって小説は信頼できる媒体だと西さんは言う。まず、小説は読むのに時間がかかる。そして、優れた小説は答えを出さずに、問いかけをくれるものが多い。たとえ作家自身には答えめいたものがあったとしても、それは作家の中だけのことで、小説を読む人がそれをどう考えるかは読み手に委ねてくれる。

今の時代は、多くの人が時間に追われている。しかし、インスタントにできる自分はきっと本当の自分ではない。時間をかけても自分として生きて考えたいのだと西さんは強調する。

「もちろんビジネス書などで素晴らしいものはあります。でも、目次をたどるだけで変わる自分は自分じゃないって、私は思ってるんです。その本を書いた著者は、長年かけて自分の身体を通して経験してきたことを、本に書いて提示しているだけであって、それがすべての人に当てはまるわけではない。それなのに、『これが答えだ！』って安易に正解を求めようとする自分が怖いんです。同じ本を読んでも、人によって絶対に捉え方が違う。いろんな人がいて、もちろん目次だけ読んでほんま劇的に変われる人もいるかもしれないけど、自分は時間がかかるタイプのはずやから」

西さんの世界の見方を変えたトニ・モリスンの小説も、安易な答えを与えるのではなく、読者の心を揺さぶることで、問いを投げかけてくれるものだった。

「小説は、『なぜこうなったんだろう？』と自分に思わせてくれる、ただ1冊の本にすぎないんです。法律みたいにこうしなさい、という拘束力も強制力もない。こうしといたら成功するよ、こうしといたら幸せになれるよということも、一切言わない。それは決して煙に巻いているわけではなく、むしろとても誠実な姿勢だと思うのです」

旅も小説と同じだ。その人が切実に旅してきた結果、ある答えにたどり着いたのならば、それは信頼できる。でも、それはその人だけの答えであるべきだと西さんは指摘する。

物理的に遠いキューバという国で、どこまで行っても自分は自分以外にはなれないと悟った。そして、当然だが、自分はキューバの人には決してなれないことも知った。自分自身であろうとする強い意志にたどり着くことができた。

さらに遠くの国アルゼンチンにも旅をしたことがある。そこで西さんが出会ったアーティストたちとは、地球の反対側に住む人々とは思えないくらい話が合った。好きなものが似ていたし、好きな音楽や映画のテイストもぴったりだ。彼女たちと出会えたおかげで、アルゼンチンが異国とは思えないほど共感し合うことができた。国や文化は関係ないのだ。人は生まれ育った土地や文化から

郵便はがき

料金受取人払郵便

葛西局承認

6046

差出有効期間
令和8年6月30日
まで（切手不要）

1 3 4 8 7 3 2

（受取人）
日本郵便 葛西郵便局私書箱第30号
日経ナショナル ジオグラフィック
読者サービスセンター 行

| お名前 フリガナ | 年齢 |
|---|---|
| | |

| |
|---|
| ご住所 フリガナ |
| □□□-□□□□ |
| |
| 電話番号 ( ) |
| メールアドレス @ |

●ご記入いただいた住所やE-Mailアドレスなどに、DMやアンケートの送付、事務連絡を行う場合があります。このほか、「個人情報取得に関するご説明」(https://natgeo.nikkeibp.co.jp/nng/p8/)をお読みいただき、ご同意のうえ、ご返送ください。

アンケート（裏面）へのご協力、誠にありがとうございます。

# お客様ご意見カード

このたびは、ご購入ありがとうございます。皆さまのご意見・ご感想を今後の商品企画の参考にさせていただきますので、お手数ですが、以下のアンケートにご回答くださいますようお願い申し上げます。(□は該当欄に✓を記入してください)

| ご購入商品名　お手数ですが、お買い求めいただいた商品タイトルをご記入ください |
|---|
| |

■ **本商品を何で知りましたか**（複数選択可）

□ 店頭で（書店名：　　　　　　　　　　　　　　　）
□ ネット書店（該当に○：amazon・楽天・その他：　　　　　　　）
□ 雑誌「ナショナル ジオグラフィック日本版」の広告、チラシ
□ ナショナル ジオグラフィック日本版のwebサイト
□ SNS（該当に○：Facebook・Twitter・Instagram・その他：　　　）
□ プレゼントされた　□ その他（　　　　　　　　　　）

■ **ご購入の動機は何ですか**（複数選択可）

□ テーマ　□ タイトル　□ 著者・監修者　□ 表紙　□ 内容
□ 新聞等の書評　□ ネットでの評判　□ ナショジオ商品だから
□ 人に勧められた（どなたに勧められましたか?:　　　　　　）
□ その他（　　　　　　　　　　）

■ **内容はいかがでしたか**（いずれか一つ）

□ たいへん満足　□ 満足　□ ふつう　□ 不満　□ たいへん不満

■ **本商品のご感想やご意見、今後発行してほしいテーマなどをご記入ください**

■ 雑誌「ナショナル ジオグラフィック日本版」をご存じですか（いずれか一つ）

□ 定期購読中　□ 読んだことがある　□ 知っているが読んだことはない　□ 知らない

■ ご感想を商品の広告等、PRに使わせていただいてもよろしいですか？
（いずれか一つに✓を記入してください。お名前などの個人情報が特定されない形で掲載します。）

□ 可　□ 不可

アルゼンチンでは共感し合える人たちと出会えた

影響を受けて変わるけれど、やはり自分たちは自分たちとして生きるしかないと思った。

何事も自分の身体で体験して、自分の目で見てみないとわからない。だから旅をする前から何かを得ようなんて期待しない。ただ行ってみたいと思い、じゃあ行ってみようかと旅に出る。行ってみて、何も変わらなかった旅もある。しかし、旅の結果、予想もしない何かをもらってしまうこともある。

「私にとっての旅とは、答えを差し出してもらうために行くものではないんです。だから、私は旅を信頼しているんです」

## もっと頼み慣れよう、頼まれ慣れよう

2019年のある日、夫が2年間の休暇を取れることを知った。

それまでは、1週間程度であちこち見て周る旅しか

してこなかった。でも、２人とも旅が好きだったので、旅行に行くたびに「この街に住んだらどんなやろうな」「いつか海外に住みたいね」と話していた。これはチャンスだということで、当時まだ1歳だった息子と一緒に３人でどこかに住んでみようということになった。

「バンクーバーがすごいええらしいで、と周囲の人から聞いて、まずはゴールデン・ウィークを利用して一週間旅行に行ってみたんです。1歳半の子供を連れて行ったんですけど、あまりの居心地の良さに衝撃を受けました」

ベビーカーで子供を連れて外出すると、いつものように電車の中ではぐずるし、レストランではしゃいだ。日本にいたときの習慣で「すみません」と謝ると、バンクーバーの住民たちはすかさず「気にしないで！」と返してくる。

「子供が泣いても、『当たり前じゃない！　なんで謝るの？』『子供は泣くものよ』って言ってくれるんです。その当時、子供は会う人会う人に『かめはめ波！』を挨拶みたいにやってたんですが、大人がみんな胸に手を当てて『ああー！』ってやられたフリをしてくれて。『なにこの素敵な街！』ってほんま思いました」

女性がプレッシャーなく伸び伸びと楽しくいられるところでもあった。「この歳の女性はこうあるべき」という無言の圧力がない。「太ってはいけない」「老けてはいけない」というような、ある種の美しさを押し付けるような広告もない。

「むっちゃいいわーってなりました。もう行こ行こって。本当にすぐに準備を始めて、その年の12月に移住しました」

こうして生活の拠点をバンクーバーに移した。その後の3年間は、西さんにとって「どうしようもなく何かを得てしまう」長い旅となった。人間の尊厳、自由と権利、家族、コミュニティー、アイデンティティー、ジェンダー、コンプレックス、そして時間の枠組みなど、西さんが17歳でトニ・モリスンの小説に出会ってからずっと考え続けてきたことを、改めて確認する思索の旅ともなった。

西さんがバンクーバーに落ち着いてほどなく、新型コロナウイルス感染症が拡大してパンデミックになってしまった。遠出できない期間がほぼ1年続いたので、近隣のあらゆる場所を訪れた。とくにキャンプは何度も楽しんだ。出かけられるようになると、近郊のウィスラーやバンクーバー島にもよく行った。

忘れられないのは、バンクーバー島のナナイモから行くラストレバー・ビーチでキャンプしたことだ。野ウサギと遊び、遠浅の海で泳ぎ、夜は降るような星に圧倒された。夫がサーフィンをするので、トフィーノにも行った。こんなに自然に親しんだ生活は初めてだった。

2年の滞在予定だったが、もう少しいたいねと、さらに1年延長することに決めた。だが、バンクーバー生活を満喫していたところに、思いもしないことが起こった。西さんがトリプルネガティブの乳が

バンクーバー近郊で子どもたちとのんびり過ごす

んを宣告されたのだ。トリプルネガティブの乳がんは進行が早く、再発リスクも高いとされていて、治療の選択肢も限られている。コロナ禍が続く異国で暮らし、幼い子どもがいるなかで、パニックになりそうだった。

そんな西さんに、どんな治療や手術をしたいのか、医師は西さんの意思を尋ねた。乳房を切除するか、切除するなら再建するか。医者はプロとして命を救うため最善を尽くしてくれるけど、自分の体をどうしたいかを決めるのは自分だ。「あなたの体のボスはあなただ」と言われて、西さんはハッとした。

自分がどうあるかは自分で決める。それは西さんが一貫して書いてきたことのはずだった。目から鱗が落ちた。

がんになって、丸腰になった思いだった。英語も不自由で、体力もなくなっていって、本当に一人じゃ何もできない。でも生きている。生きているだけで価値がある。

とにかく「ありのまま」で挑むしかなかったと西さんは語る。目をそらさず、心を見つめた。すると自分の身体をよく観察できるようになった。抗がん剤治療、両乳房の切除手術、放射線治療という、8カ月にわたる苦しい経験を通して、西さんはこれまで以上に自分の存在を、そして周囲の人々を愛おしいと思った。そして自分の身体に対する限りない愛情を深

バンクーバー近郊の小旅行を満喫する

めていった。

「自分の身体は自分のもの、自分の人生は自分のものだっていうことを本当にちゃんと認識して初めて、他者のことも大切に出来るのではないでしょうか。他者とは、その人にとっての自分です。『ああ、もう自分の人生ってたった1回なんや』と思うなら、それって『この人の人生もたった1回で、この人の身体もたった一つなんや』って思うことにつながるのです」

バンクーバーは移民の街だ。ここで暮らすことは、あらゆる場所から、あらゆる背景と共にやって来た、あらゆる「他者」と共に暮らすことだ。そして、どんな「他者」も、本人にとっては「自分」なのだ。一人一人違うこと、そして違う人間が違うことを認めてつながり合うことの大切さについても、改めて感じ、考えた。

西さんは、がんの発覚から治療が終わるまでの8カ月間に抱いた恐怖と絶望、家族や友人たちへの思い、生きる喜びなどをノンフィクション『くもをさがす』につづっている。

「本を読んでくれた人から、『バンクーバーにこんなに友達が多くてうらやましい。私ならきっとこんなに友達はできない』って言われますが、私だってそんな友達がたくさんいたわけではありません。もちろん仲いい友達は何人かいたけれど、それ以外の多くの人にも助けを求めたんです」

1回しか会ったことのない人にも、子どもの送り迎えをしてもらったり、食事を作って届けてもらったりしたという。

「バンクーバーは移民の街なので、助け合うのが当たり前なんです。故郷から離れて来ている人が多いし、家族が近くに居ないから助け合おうっていう精神が当たり前で。人に助けを求めることとか、助けることが本当に普通のこと。できないときには断ることにも慣れているし、断られることにも慣れている。それが私にはすごく心地良かったです。私はバンクーバーで全然友達じゃない人にも頼んでいたし、無理な時ははっきり断られてもいました」

そうはいっても、日本では1回しか会ったことのない、よく知らない誰かに「御飯作って持ってきてくれませんか？」などとは頼みづらいではないか。

「私は『もっと頼み慣れよう』と言いたいです。そして『頼まれ慣れよう』『断り慣れよう』『断られ慣れよう』と。もともと友達に頼ろうと決意して渡航したわけではないけれど、本当に危機的状況で、そうしないと生きていけなかったんです。私も夫も英語力が足りなかったし、誰かの手を借りないと、助けてもらわんとなんにもできなかったから、遠慮せずに頼むことに自然に慣れていきました。頼られる方も、『じゃあ、今度は私が子供預かるわ』とナチュラルにできたし。あのコミュニティーがあってくれて、私は本当にラッキーでした」

そういったサポートを求めている人は、世界中のどの都市にもたくさんいるはずだ。それぞれが違う「自分」を持って同じ場所にいる。ありのままの自分で他者とつながり、助け合えるコミュニティーは、自分から働きかけることで見つけられるのかもしれない。

「バンクーバーは美しい街です。多様性にあふれ、サステナビリティーを大切にしていて、ここで子供を育てたら、きっと正しい考え方が身につくと思います。本当にみんな優しくて親切で、私はバンクーバーに良い思い出しかありません。でも、これだって人によって受け止め方は違うかもしれない。やはり、どこにいても自分は自分にしかなれないし、自分にとっての事実でしかないんです」

一つの世界しか知らないのでは、わからないこともある。だから、日本に帰ることは、子供にとってもいいことだと西さんは考えた。旅をして、色々な人に会って、自分がどうありたいかは自分で決めてほしい。それは、西さんが子供時代から経験し、歩んできた道でもある。

「私の小説はハッピーエンドが多いですが、それはハッピーエンドを信じられる恵まれた環境にいたからなのかもしれません。同時に、いろんな作家がいてくれるから、自分は自分の作品を書けばいいと思っています。世界が多様なように、小説も多様であるべきです。それぞれがそれぞれの信じることを自由に書いていい。バンクーバーでそういう思いを強くしました」

## 退屈が一番のぜいたく

バンクーバーから東京に戻ってきて、西さんが一番恋しく思うのは、いつも生活のそばにあった自然だ。自宅から子供を車に乗せてちょっと出かければ、すぐに森や川がある。川で泳ぎ、飛び込んで遊ぶのがお気に入りだった。

ノースバンクーバーの川にはよく行った。ヒルクレストのプールの飛び込み台も好きだった。イングリッシュマン・フォールズを歩いて、山からの雪解け水でめちゃくちゃ冷たい湖にもよく飛び込んで遊んだ。

「日本にこんなきれいな川があったら絶対に混むだろうなって思いました。それに、そこに飛び込みたくても、きっと禁止されるんじゃないかな。飛び込み台があるプールも日本ではなかなか見つけられないですしね。大人も子供になれる場所というか、そういう時間がすごく恋しいです」

カナダ人の友人たちに誘われて、ベリーを摘んだり、キャンプしたり、同じように家族で遊んで暮らしを楽しんだ。自然が近いし、人も少ないし、キャンプの準備もあまり必要なくて手軽だ。とにかく楽しい。「ベリー摘みするだけ？」って思われるかもしれないが、それがすごく楽しいのだと西さんは懐かしむ。

「退屈だという若い子もいるかもしれない。でも、私は退屈とか、やることがないって、とても大切だと思っています。私はバンクーバーでのその時間がとても好きでした」

午前中に仕事をして昼ご飯を食べて、ランニングして、もうひと頑張りしようかと仕事に取りかかる。集中力が切れてきたなと思うのがだいたい午後3時。それで「うわ、やることないな」と思って、ぽっかり時間があく。それが本当にぜいたくだったと、西さんは振り返る。

「家の近くにビーチがあったので、じゃ、散歩でも行こうかなと。それで、ビーチでぼーっとして

バンクーバーで柔術にチャレンジ

いました。今はあの『退屈やなー』って時間が失われてしまったなと、すごく恋しいです」

東京に戻った今の西さんにそういう時間はない。移動時間が長く、打ち合わせも増えた。買い物にも行く。

「バンクーバーはライフスタイルがシンプルなんです。購買意欲をかき立てるものがないし、欲しいものもなくて、私にはそれがすごく良かった」

バンクーバーでは新しく柔術にもチャレンジした。友人の家族から、「2歳の幼児と母親たちが体験できる柔術教室があるから一緒に遊びに行こう」と誘われたのがきっかけだった。子ども同伴で数家族が連れ立ってみんなで体験しに行った。そのクラスがすごく楽しくて、西さんはすっかり柔術にハマったのだ。東京に住む現在も柔術を続けている。

「私は柔術めっちゃ弱いんですけど、本当に楽しいんです。こうして新しいことにチャレンジできたのはバンクーバーのおかげだと思います。何歳になっても何を始めてもいいんだ、と思えた。そういう雰囲気なんです」

日本に帰国してきてからも、西さん家族は毎年夏の1カ月間をバンクーバーで過ごす。友人たちに会い、自然の中で遊ぶ時間を楽しむ。そんなふうに夏休みにゆっくりどこかに滞在する旅はこれまでしたことがなかった。

トフィーノの近くにユークレットという町がある。西さんにとって、そこはあまり人に教えたくない、お気に入りの場所だ。

「すごく小さい町で、のんびりしていて、人も優しい。チェーン店もないんですよ。地元の人が経営するこだわりの店や、オーガニックの店がポツポツとあるだけで。気持ちの良いトレイルもいっぱいあって、歩くのが楽しいんです。サーフィンが好きだったら波乗りにもすぐ行けます。ありのままの自分で、自然の中で自由に思い切り遊べる場所です」

そして、何よりちゃんと本物の退屈な時間があるのがいいと、西さんは言う。

「何をしようかな。うーん、何もないなとか。退屈は、現代の私たちにとって一番ぜいたくなことやと思うんです。スマホがあって、退屈な時間をみんな奪われているから」

もちろんカナダにもスマホはある。でも今も変わらずに公園やビーチでは、ぼーっとしている人、本を読む人、スケッチしている人、隣の人とおしゃべりしている人など、思い思いに時間を過ごしている。

退屈は大人を子供に戻してくれる。心身が解き放たれ、生きているのが楽しくなる。好奇心や遊び心が湧いてくる。退屈のある場所に旅をすることが、西さんをワクワクさせるのだ。

## 多文化の土地へ行くことを勧めたい

西さんは最近、雑誌の企画でマレーシアへ旅をした。多民族、多文化、多宗教で、それが共存している。今は亡きヤスミン・アフマド監督の『タレンタイム』という映画を観て、ずっと行きたかった国だ。

「イスラム教徒はキリスト教徒と結婚してはいけない、と言う親がいたり、宗教間の断絶も映画の中で描かれています。それでも根底に優しさがある。彼らがどうやって共生しているのかとても興味がありました」

行ってみると、ペナンは小さい島なのに、街にはマレー語と英語とヒンドゥー語の標識があることに驚いた。華麗なヒンドゥー寺院の数百メートル先に巨大な中国寺院があったり、モスクがあったり、キリスト教の教会があったりする。

「カナダなどで多文化社会を表現するときによく使われるのが『モザイク』という言葉です。『メルティングポット』のように一つに溶け合う必要はない。自分をなくさなくてもいい。それぞれが自分たちの文化のままでいい。それが素晴らしいなぁと思っていたけど、ペナンはさらに強烈でした。例えばそれぞれの寺院の個性がめちゃくちゃ強くて。例えるなら水彩画とかじゃなくて油絵同士でドンドンドンっと立っているイメージでした。プラナカン建築という、いわゆる中国文化とマレー文化が混じりあった家もあって、そこには中国風の赤い飾りの横に西洋風のシャンデリアがあったり、西洋風のバラが飾られている部屋の壁はエメラルドグリーンとピンクといった具合なんです」

派手で個性があるけどちゃんと調和している。その街のパワーに西さんは感動した。見た目に圧倒的な違いがあると、人は壁を作ってしまいがちだ。でも、ペナンにはそれがなかった。全然違うものが隣り合っていることが、西さんにはうれしかった。

日本だって本当は色々な人種がいるはずだ。だが、西さんが小学5年生でカイロから大阪に戻ってきたとき、地元ではだいたいが黒い髪、同じ肌の色、同じような見た目をしている人が多かった。学校に行っても、クラスにはだいたい同じような日本人の子どもたちがいた。今も、そういう状況はあまり変わっていないように感じる。

「同じような見た目の人たちがいる場所で何が起こるかというと、隣の人との違いを発見しようとするんです。ところが、バンクーバーのようにあらゆる人種がいてみんな違っていると、そこでは違いではなく共通点を探そうとします。それが私にとって大切な時間でした。違っていても本質でつながれたと感じられることが、とてもうれしいんです」

人種にかかわらず、我々にはみんな生まれてきたという共通点があり、誰にでも子供時代がある。だから子供時代を描いた小説はだいたい共感して読まれるし、傑作も多い。みんなが経験していることだからだ。

「子供って根本的に一緒だなって思います。子供は遊ぶの好きですよね。悲しいことに働かざるをえない子供もいるけれど、子供は遊ぶべきです。木があったら登るし、走りたいし、ジャンプしたいし。どの国を旅しても、それは常に感じます。その国ならではの子供ってあんまり見たことがない。そして、祈りです。それぞれの神様に祈っているけれど、祈る顔はみんな同じです」

西さんは仏教徒だが、神社に初詣に行くし、友人の結婚式には教会で「アーメン」と言う。宗教観がゆるいことも、柔軟で開かれていて好ましいと自分では思っている。一方で、バンクーバーで乳がんの治療をしていたときには、信仰が深い人ほど死ぬことを自分ほどは恐れていない様子を見て、とてもうらやましく思ったそうだ。そのとき、チベットやブータンに住む、祈りとともに生きている人々を思い出した。そもそも子供の頃カイロに住んでいたときもそうだった。アザーン（礼拝の呼びかけ）が鳴ったら、おしゃべりしていても働いていても、どんな状態でもみんなが祈っていた。もちろん祈りは神聖なものだが、私たちが思うよりももっと暮らしの真ん中にあって身近だ。

西さんは、もう一つ人種を越えた共通点を見つけた。バンクーバーの語学学校で友達とおしゃべりしていたときのことだ。

「めちゃくちゃストレスが溜まっているとき、汚くて入れないトイレの夢を見ることが多いって言ったら、『わたしも！』って言った人が何人かいたんです。こういうことでわかり合えるとは思わんかったから、それがすごく面白かった。『私もそれあるわ』『わかるーっ』って。私たちはそれぞれ違う場所で育って年齢も違うのに、おんなじような夢を見ていたなんて面白い。あれは、あきらかに何か（壁）を超えた瞬間やったな」。西さんは楽しそうに笑う。

これから旅に出ようという人には、ぜひ物理的に多言語が話されている多文化の土地へ行くことを勧めたいと、西さんは語る。

「日本では主に日本語だけが話され、しかも日本語を話しているのは日本だけ。自分がいかに特殊な環境にいるかが認識できて面白いと思います。ぜんぜん違う言語が話されている環境にいくと耳も変わります。ベタですが、自分が普通だと思っていたことが全く通じないところへ行くのがいい。ちょっとした危機状態に落ちいって、自分の身体がどう反応するのかを感じるのがすごく楽しいと思います」

ドキドキしたり、普段見ないものに目が引き付けられたりして、自分の環境が当たり前ではないと感じる良い機会になるはずだと西さんは言う。

「自分の身体があるからこそ旅ができるんだということも感じられると思います」

匂いや触感、味覚など。体があってこそ、自分は感じ、行動し、経験できるのだ。異文化に囲まれ、言葉が通じない場所で、感覚が研ぎ澄まされていく。自分がどうしたいのか。何が好きなのか。周りの文化や社会の影響を離れて、日常ではわからなかった本当の自分を見つけられるかもしれない。

自分のままでいい。どこまでも自分のままでいい。いや、むしろもっと本来の自分を取り戻したい。自分が自分を大切にできて、初めて相手のことも大切にできる。

多言語が聞こえる旅が、その先にある幸せな自分へと背中を押してくれるのだ。

# ストーリーがない
# 感動は一瞬で終わる

テレビディレクター

## 佐藤寿一

ガイドブックのない場所に行くのが、彼の仕事。
試練、試行錯誤、障壁……。
それらを超えた先に、たどり着ける喜びがある。

佐藤寿一さん

世界各地の歴史、風土、文化などの不思議なことを題材に、ミステリーハンターが現地を旅してクイズを交えながらレポートするＴＢＳの「世界ふしぎ発見！」。１９８６年から38年間にわたって毎週土曜日のプライムタイムに放送され、国民的な人気を誇ってきた番組だ。制作会社テレビマンユニオンの佐藤寿一さんは、初回のエジプト編からディレクターやプロデューサーとして制作に携わってきた。これまでに担当した番組は合計１５０本。海外取材は他番組も含めると２５０回、訪問した国は60カ国に及ぶ。

「僕にとって海外旅行は生活の一部。日常が旅とつながっているなんて、なんとも欲張りな生き方です」

佐藤さんによると旅には2種類あるという。「日常の延長の旅」と、「人生の節目の旅」だ。「日常の延長の旅」とは、例えば週末に家族旅行をしたり、運動がてら一人で趣味の山歩きに出かけたりすること。あるいは仕事上の出張等も含まれる。レジャーやビジネスの旅と言い換えることができるだろう。一方で、「人生の節目の旅」とは、日常から離れ、違う土地に行くことで、知らなかった自分の違う一面に出会えるような旅だという。自分の人生を見つめ直すチャンスになったと佐藤さんは語る。

佐藤さんにとって最初の「人生の節目の旅」は、28歳のときだった。この旅が、まさにその後の人生を方向づけるきっかけとなった。

1956年兵庫県芦屋市生まれ。佐藤さんが東京大学文学部に在学中の頃、キャンパスにはまだ学生運動の余韻が漂っていた。そんな雰囲気のなか6年間過ごしたため、卒業後大企業に就職しようという気分にはならなかった。佐藤さんは放送作家を目指し、フリーランスとして映像制作の仕事を始めた。月~金の情報番組の取材ディレクターをしていたが、じっくり時間をかけて納得のいく番組が作れないことにジレンマを感じ辞めることにした。ところが次にやるはずだった番組が予定通りに始まらず、失業状態に。そんな時、やはりTVディレクターの先輩から、「一緒に行かないか」とタイへの旅に誘われたという。東京で仕事のオファーが来るのをじっと待っているよりずっと有益だと思い、そのとき一番安かったエジプト航空のバンコク行き航空券を買った。

当時はまだタイ旅行が日本でブームになる前で、東京にタイ料理店もほとんどなければ、タイのガイドブックすら見当たらなかった。時代はソ連がペレストロイカの改革を行う以前、まだ東西冷戦の最中だ。南北に分かれていたベトナムは統一されたばかりで、市場経済導入を意味するドイモイもまだ始まっていなかった。カンボジアではポル・ポトによる内戦が続き、映画『キリング・フィールド』が大量虐殺の悲劇を伝えた。一般的に東南アジアは危険なところだと認識されていた。だからこそ、怖いもの見たさに好奇心を刺激された。

その頃、読んでいた本に『東南アジア紀行』（梅棹忠夫著）や『全東洋街道』（藤原新也著）などがある。それらの本には、当時の日本人が知らなかった、人間味あふれる混沌とした世界が生々しく描かれていた。

「ガイドブックもない土地に行くことは、きっと自分の糧になるという根拠のない自信がありました。若いときは、誰もがそういう根拠のない自信に突き動かされるものでしょう?」佐藤さんは当時を振り返って語る。

未知なる土地でスリリングな冒険を味わったり、初めて出会う文化を肌で感じたり。旅行中に体験するすべてが、自分を成長させてくれるはず。自分を、人生を良い方向に変えてくれるきっかけを求めて旅に出た。

バックパッカー向けの情報誌のようなものがあり、タイ北部の山岳地帯に日本人そっくりの少数民族の人たちが伝統的な文化を守って暮らしているという記事に触れた。しかも、日本食と同じような納豆やおこわを食べていると書いてある。村から村へトレッキングできるらしいので、本当かどうか自分の目で確かめることを旅の目的にした。

「旅の目的ははっきりしていました。だけどタイに着いてからのホテルや行程は一切決めずに出発したんです。そもそも、このような旅は事前にアレンジしようと思ってもできるものではありません」

バンコクに到着して、まず時間の流れが東京とは違うことに驚いた。都市でありながらも、朝は托鉢のお坊さんにお供えしたり、寺でただ静かに過ごしたりしている人が目に付く。スコールがあれば交通が止まるため、日常的に待ち合わせに遅れることに慣れていて、遅れても待たされても誰

日本の弥生時代の集落を思わせるタイの村

も何も言わない。

いよいよ目的である山岳地帯の少数民族の村へ向かうことになったとき、佐藤さんはガイド選びに時間をかけた。冒険の旅に真面目すぎるガイドはつまらないし、かといって信頼できそうにない人や料金をふっかけてくるような人では困る。陽気で、根っからの悪人ではなさそうなトゥーイという男を選んだ。トゥーイの案内で、日本で農家が使うような軽トラックの荷台に乗り、道路が通じている最後の村まで行き、そこから山道を数時間歩く。「この先に本当に村があるのか？」と不安に感じていると、夕暮れ近くになって谷の斜面に村が見えてきた。高床式の家から夕食の支度の煙が上がっている。日本の弥生時代の集落を思わせる光景だった。

「世界にはこんな生活をしている人たちが今でもいるんだ！」と衝撃を受けた。全く情報がないままその光景に出会ったため、驚きと感動もひとしおだった。村の人たちと数日間過ごし、川から水をくみ、米を臼《うす》でひく何百年も変わらない生活を体験した。目的の納豆やおこわにも出会い、実際に食べてみることができた。その時の不思議な感覚と懐かしさは今もはっきりと覚えているという。

トゥーイとのトレッキングの旅はとても楽しかった。村の人たちが日常に招き入れてくれて、その土地と深く関わることができた。

「その成功体験から、案内人にある部分委ねる旅が面白いという感覚を持つようになったのかもしれません」と佐藤さんは当時を思い浮かべる。

タイでの滞在は2カ月近くに及んだが、全く飽きなかった。拠点としていたバンコクで『インサイト・ガイド』という英語のガイドブックを見つけた。３４０ページを超える分厚いガイドブックでは、冒頭の70ページほどを割いてタイの歴史や文化、社会的背景がしっかり解説されている。アーティスティックな挿絵や写真資料がマットな質感の紙にカラーで印刷されていた。価格が４００バーツ（当時のレートで約４０００円）と高かったので、立ち読みするために何度も本屋に通った。

やがて次の仕事が見つかって日本に帰ることになった。必ずまたタイに戻って来るぞと誓って旅の終わりにこのガイドブックを買ったという。

この本は、後に「世界ふしぎ発見！」の企画に役立ち、佐藤さんは再びタイを訪れることになる。私もそのガイドブックを見せてもらったが、民族衣装をまとったタイの女性や少年の写真が印刷された表紙は日に焼けて少し色があせている。ページをめくると、40年前の旅の匂いがした。

## ライフワークとの出会い

帰国後も旅の興奮が収まらない佐藤さんは、このままずっと旅をして暮らしていきたいと考えるようになっていた。知的好奇心に誘われるまま、どんどん知らないものを見にいきたい。旅を仕事にできたらどんなに良いだろうか。

そんな時、ある仕事で契約していたテレビマンユニオンが、新番組として「世界ふしぎ発見！」を立ち上げるという。さっそく佐藤さんは志願して、初回のエジプトロケにアシスタント・ディレクターとして加わった。

「願ってもいない好機でした。プロジェクトのメンバーに加えてもらうことができ、本当に運が良かったと思います。英語が話せたことが効を奏したのでしょう。英語だけはちゃんと勉強しておいて良かったと思ったのを覚えています」

チャンスは不意にやって来る。だから日頃から準備ができている者がそのチャンスをつかんで運命を切り拓いていけるのだろう。

「世界ふしぎ発見！」が始まった当初、番組はエジプト、ローマ、ギリシア、ストーンヘンジといった大遺跡を取材対象としていた。しかし、このような王道の歴史ミステリーは教養番組みたいに硬くなりがちだ。せっかくミステリーハンターが現地を旅して体験するのだから、もっとエンタメ要素を出したい。そこで、佐藤さんは自分がタイの少数民族の村で面白いと思った経験を生かして一風変わった企画を提案した。タイで買ってきた『インサイト・ガイド』が大いに役立ち、企画は採用された。そして、納豆やもち米などの食べ物を題材に、なぜタイと日本の食文化に共通点が多いのか、新しい切り口で謎解きの旅を演出したのだ。トゥーイにも撮影を手伝ってもらった。当時、彼の家には電話がなかったので、ガイドの営業をしていそうなゲストハウスを訪ねて再会を果たした。

この番組は大好評を博し、伸び悩んでいた視聴率が好転するきっかけとなった。「世界ふしぎ発見！」のテーマの可能性は広がっていった。

「自分の興味はいわばオタク的なところがあるんです。番組を通してそうしたマニアックなこだわり旅の面

インドでラクダに乗る

白さを視聴者に共感してもらえた気持ちがして、非常に満足でした。自分が体験して面白い！と思ったことは、きっと見ている人も面白い！と思ってくれるという確信を得ることができました」

## プランBを用意する

こうして「旅が好きで、好きなことを仕事にした」佐藤さん。30代から40代は夢中で旅を続け、年間100日くらいを海外で過ごした。旅は仕事であり、人生そのものだった。

佐藤さんが旅に出る前に必ずすることは、まず旅の目的を定めることだ。それは歴史や伝説を検証することだったり、映画や小説など物語の舞台に立つことだったり。あるいは、オーロラなどの自然現象を自分の目で見ることなども含まれる。

事前にワクワクするような目的が定まれば、あとは知的好奇心を解き放てば良い。「なぜ？」という疑問が生まれ、その謎を解きながら旅がストーリーになっていく。

「もちろん写真や動画で映えるビジュアルのインパクトは大事ですが、それ以上に背景にあるストーリーが重要です。ストーリーがないと感動は一瞬で終わってしまうでしょう」

ストーリーが構想できるまで、入念に調べて準備する。

だが、その一方で、旅の目的は必ず達成できるとは限らない。だから、一点突破型ではなく、プランBも用意する。例えば、オーロラが出現しなくても、他に旅のハイライトにできるものがあるかどうか考えておくのだ。設定した目的以外でストーリーになるような収穫を得られる物事があるだろうか。オーロラが見られなかった場合でも、その土地の先住民の人たちと深い交流ができるかもしれない。

その上で、いったん旅に出たら、その準備したものを手放せるような余白を作っておく。臨機応変であれば、旅ならではの出会いや予期せぬ出来事が、もともとの目的を超えるほどの幸運をもたらしてくれることがあるからだ。

「段取りしたことよりも偶然に起きたことを優先する旅こそが、僕にとって理想の旅のスタイルなんです」

特にガイドや地元の人との出会いは、佐藤さんが想定したこと以上の何かへと導いてくれることがあるという。誰と旅したら楽しいか、その人はどこまで信用できるか。何度か旅をするうちに、そういったことを嗅ぎ分ける力も磨かれる。

映像に映っていないもの、その背景にあることをどれだけ吸収できたかが、仕事の報酬を超えた深い満足感につながると、佐藤さんは言う。だから、仕事が終わってもその場所をもっと知りたいと興味の向くまま何日か滞在を延ばすこともあるそうだ。そしてその旅は次の仕事に、次の自分の生き方につながっていく。

「旅の目的が１００％達成されるなんてむしろまれなことだから、我々はまた次の旅をしようと思うのではないでしょうか」と、佐藤さんは言う。

旅によって日常から切り離され、生まれたときから備わっていたはずの真っ直ぐな探究心を取り戻す。そして未知の人と出会い、自然と触れ合い、異文化を体験することで視野が広がり、自分を見つめ直す。他者への共感や感謝を重ねながら、自分を信じる力を得ていく。

「最近、取材者があまりにも予習をしすぎて、番組を面白くなくしているのではないかと感じることがあります。たくさんの情報のおかげで、取材対象のイメージを事前に作りすぎてしまう。現場で出会った事象の面白さを自分の目で見つけ、自分の言葉で伝えることが大事だと思っています」

佐藤さんが制作した「世界ふしぎ発見！」の150もの番組リストを見せてもらった。秘境や少数民族、文明の起源や成り立ちをテーマにしたものが多く含まれていることから、佐藤さんの知的好奇心と重なっていて、本当にやりたい仕事にこだわってきたことがわかる。

## ガイドブックのない国へ

西暦2000年という世紀の節目の年を前に、佐藤さんは自身の代表作の一つであるＮＨＫの大型企画「四大文明」のプロジェクトに携わることになった。第1回のエジプトに次ぐ2本目の「メソポタミア」編の演出を佐藤さんが担当した。「ＮＨＫスペシャル」の1時間枠で放送されたその番組を1年8カ月かけて制作したのだ。

メソポタミアとは、古代のギリシア語で二つの大河に挟まれた土地を意味する。二つの川とは、チグリス川とユーフラテス川だ。そして、大河に挟まれた場所とは現在のイラク共和国。その頃はまだフセイン政権下で、米軍機による監視飛行が行われ、ミサイルも時々発射されていた。砂やがれきに埋もれながらも数千年にわたって在り続けてきた遺跡群は、戦争による爆撃や銃弾によって傷つき、破壊の危険にさらされている。考古学上極めて重要な遺跡を数多く有する国であるのと同時に、最も取材の難しい国の一つでもあった。

当時も、そして現在もイラクは「ガイドブックのない国」だ。まず、イラクには飛行機で行くことができないということがわかり、がくぜんとした。1990年の湾岸戦争以来、国連からの経済制裁で飛行場はすべて閉鎖されていたため、隣国ヨルダンのアンマンから千キロ近い砂漠の道をたどる以外にないという。日本のイラク大使館にビザを申請したが、2カ月たっても連絡は来ない。時間の猶予がなくなってくるなか、ヨルダンに乗り込んで交渉したほうが早いという判断から現地入りするも、何の収穫もないまま撤退を余儀なくされた。

また、海外取材で撮影交渉や取材の手配をする現地コーディネーターも、外国メディアをほとんど受け入れないイラクではプロがいない。イラクで発掘経験のある研究者やヨルダンの日本大使館員、ヨルダンのホテルに勤務していた日本人女性など、「イラク通」の人たちの情報とコネクションに助けられながら粘り強く交渉に挑んだ。

ようやく入国するためのビザが降りたのは3カ月後。しかもロケハンを諦めざるを得なくなった。

この旅での佐藤さんの目的は、他のメディアでは取り上げられていない特別なネタや映像、つまり「Exclusive（独占）」な素材で世紀の特別企画にふさわしい強力なコンテンツを制作することだ。イラクでは軍事施設は撮ってはならないなどの様々な規制があり、撮影自体が難しい。さらに出国の際に検閲もある。大事な遺跡の映像であっても、背後に軍事関連の施設が映っていることがあり、消去されてしまうことがある。佐藤さんは未知の国で既存の方法では対処できない試練に向き合い、試行錯誤しながら様々な障壁を乗り越えて撮影を成し遂げた。

「その結果、僕たちは湾岸戦争後の現地取材に成功し、メソポタミアの遺跡群を世界で初めてハイビジョン映像で撮影することができました」。佐藤さんは胸を張る。

ガイドブックのない国、イラク

一見不毛と思われる砂漠の真ん中で誕生した人類最古の文明。番組を見ると、小麦を育て、交易を行い、都市国家を築いて社会の礎となる仕組みを作った4000年前のメソポタミア人たちの暮らしが目の前に鮮やかに立ち上がってくる。現代のイラクに生きる地元の人々にも深い関心を寄せ、古代メソポタミア文明から変わらない営みがあることを見出す佐藤さんの友人のような目線が感じられる。古代の人々も抱いたであろう人生への願いや生活の知恵などに思いを馳せながら、メソポタミアの都市や農村の暮らしを再現していく。貴重な初公開映像とともに、農業の起源から文明発祥の謎を解き明かし、古代メソポタミアと現代の人々の営みをリアルに描いたこの番組は視聴率12・7%を記録し、大きな反響を呼んだ。

佐藤さんはたくさんの旅を通して、異文化の地であっても人間は本質で共感し合えることを経験してきた。だからこそ、時空を超えるほどの想像力が鍛え上げられたのだ。20代の佐藤さんが知的好奇心をかき立てられた東南アジアの紀行書と同じように、『四大文明　メソポタミア』は私たちの探究心を呼び覚まし、ガイドブックのない未踏の世界への旅に誘ってくれる。

## 宮﨑駿、複葉機の旅

私が佐藤さんと初めて会ったのは1999年だ。カナダのトロント国際映画祭に「もののけ姫」が出品され、宮﨑駿監督の姿を追うドキュメンタリーを制作したのが、佐藤さんにとって初めてのカナダの旅だった。

実はその前年の1998年に、NHKの『世界・わが心の旅』という番組で佐藤さんは宮﨑監督とある物語の聖地を旅している。『星の王子さま』の作者として知られるフランスの作家サン＝テグジュペリは郵便飛行のパイロットであり、その体験をもとに『人間の土地』や『夜間飛行』などの作品を書いた。宮﨑監督は十代の頃から熱心な愛読者で、多大な影響を受けてきたという。宮﨑監督の希望で佐藤さんは古い複葉機を調達し、南フランスから西サハラへと当時の郵便飛行のルートを旅してドキュメンタリー番組を制作した。『人間の土地』に描かれた1930年代のパイロットたちの生き様に思いを馳せると、冒険心と勇気が湧き上がってくる。古い飛行機に乗り込んだ宮﨑監督は少年のように心を輝かせた。サン＝テグジュペリが空から見た風景を熱心に追い、地上の人々の営みに愛着を覚える。旅の目的地は、サン＝テグジュペリが1年半飛行場長を務めたカップ・ジュビー。周りに何も無い、サハラ砂漠に砦と滑走路だけがある孤立した場所だ。そこに到着した時、宮﨑監督は感極まる。サン＝テグジュペリ作品のテーマである「人間の尊厳」への共感は、宮﨑監督をアニメ制作者を志したときの原点に立ち返らせた。

宮﨑監督の「人生の節目の旅」を演出したことがきっかけとなり、以来、佐藤さんは25年余りにわたってスタジオジブリのドキュメンタリーを手掛けている。

この頃から、歴史や文化に加え、映画や小説といった物語の舞台を訪ねる旅が佐藤さんのテーマ

宮﨑駿監督とともに古い複葉機で郵便飛行のルートを旅した

の一つとなった。私は佐藤さんのカナダ取材のコーディネートを何度かお手伝いさせてもらった。

2012年、BS日テレのドキュメンタリー番組『ジブリの風景 ～高畑勲・宮﨑駿監督の出発点に出会う旅～』では、初期のアニメ代表作『赤毛のアン』の舞台であるプリンス・エドワード島を訪問し、ジブリ創作の源泉とインスピレーションを探った。

『赤毛のアン（原題：Anne of Green Gables）』はカナダの大西洋岸にあるプリンス・エドワード島出身の作家L・M・モンゴメリによって書かれ、1908年に出版された。100年余りの長きにわたり世界中で愛されている「不朽の名作」と呼ぶにふさわしい作品である。この原作をアニメ化した『赤毛のアン』は、世界名作劇場（フジテレビ系列）で1979年に放送されて以来、現在に至るまで幅広い年代の視聴者に愛されている。多くのファンがアニメを通じて島の美しい景色や文化に興味を持つこととなり、観光ブームのきっかけともなった。

アニメを制作するにあたり、高畑勲監督らはロケハンでプリンス・エドワード島を訪れ、アンが小説の中で「世界一美しい島」と呼んだ島の風景や暮らしを丁寧に観察し、作品でその世界観を忠実に再現した。赤土の道と林檎の花咲く並木、湖水の輝きやうっそうとした暗い森。農家の暮らしや季節の移り変わりなどが、自然と共に生きる人間の営みや古いものの価値を愛する眼差しをもって生き生きと描かれている。

佐藤さんは高畑監督たちのロケハンの足跡をたどりながら、アニメ『赤毛のアン』で描かれた場面を訪ねていく。プリンス・エドワード島には、小説が書かれた100年余り前と変わらない風景や暮らしがそのままあった。そして、出会った島の人たちからは、マシューやマリラ、リンド夫人などアニメの登場人物と重なる純朴な優しさや温かさを感じた。

「プリンス・エドワード島の旅で、作品の世界観や空気感を肌で感じられて感無量でした」

もう一つ、佐藤さんが注目したことがある。背景の風景などを描く美術監督の井岡雅宏さんがスケジュールの都合でロケハンに行けなかったにもかかわらず、プリンス・エドワード島の美しさ、その清澄な光や空気を見事に表現したことだ。北海道で育ち、子供の頃から自然や動物を愛し絵を描いていた井岡さんは、プリンス・エドワード島に故郷との共通点を見出したことで、その世界観を忠実に描き出すことができたのだった。時には荒々しいタッチで植物の生命力を描写し、マジックアワー（魔法の時間）と呼ばれる黄昏《たそがれ》時の泉の光景を再現する。画面の向こうの神秘的な自然に吸い込まれそうだ。井岡さんによる『赤毛のアン』の背景美術は高い評価を受けた。残念ながら『赤毛のアン』放送の6年後に44歳の若さで他界され、今も多くのファンに惜しまれている。佐藤さんの旅は、井岡さんの創作の源泉に思いを馳せることで、さらに感慨深いものになった。

## きれいな風景は一瞬で終わる

佐藤さんとカナダの関係は、物語によってさらに結ばれていく。２０１０年に公開された新垣結衣さん主演の映画『ハナミズキ』に登場する印象的な舞台、ノバ・スコシア州ペギーズ・コーブの灯台を訪ねる旅を「世界ふしぎ発見！」で企画したのだ。この美しい灯台は主人公が生まれた街にあり、離れ離れになった恋人たちの運命を再びたぐりよせた重要な場所だ。

佐藤さんは、カナダを代表する絶景ナイアガラの滝を出発点にし、終着点をこの灯台の絶景に定めた。大西洋岸を走るＶＩＡ鉄道を使って二つの絶景をつなぐ２０００キロの旅だ。沿線の街ごとに文化が異なることに佐藤さんは驚いた。オタワではイングランド系、モントリオールやケベックではフランス系、ハリファックスではスコットランド系、ルーネンバーグではドイツ系など。コミュニティーによって多様な文化に出会う不思議とその背景にある歴史に好奇心をかき立てられた。さらに、カナダの地名は先住民の言葉に由来するものが多く、またメープルシロップやカヌー

VIA鉄道でカナダを走る

をヨーロッパ人に教えたのも先住民だったことなどから、先住民文化にも興味を持った。佐藤さんが構想したのはカナダならではの絶景とモザイクのような多文化に触れる色彩豊かな旅。次々と不思議な文化に出会うため、台本では「ミステリートレインの旅」と表現されている。

「きれいな風景を見せるだけでは番組は一瞬で終わってしまいます。カナダの面白さは、絶景の背後にある多様な文化や人々の営みのストーリーですね。鉄道で旅をしながら、それを味わえるなんて、最高でしょう」

終着地は岩場に立つペギーズ・コーブ。カナダで最も絵になるといわれる風景の一つだ。灯台はこの場所で100年余りにわたって安全な航海をサポートし、人々の営みを見守り続けてきた。「君と好きな人が百年続きますように」という『ハナミズキ』のテーマ曲と映画のハイライトシーンが流れる。そして、「世界ふしぎ発見!」の旅は、この灯台の風景に魅了されて長年絵を描き続ける一人のアーティストのコメントで締めくくられる。この灯台は嵐や大波が来ても微動だにしない。強いものに立ち向かっているような真っ直ぐなひたむきさが感じられる。それが人々の心を引き付けるのではないだろうか。

灯台から約30キロの場所にあるハリファックスの港は、１９２８年から１９７１年までヨーロッパからの移民を受け入れる入国の窓口だった。様々なバックグラウンドを持つ人々が、新しい人生を切り拓くためここにやって来た。そして、彼らは自分たちのルーツである伝統や文化を大切に守りながらも、隣人の文化をリスペクトし、共に支え合いながら今のカナダを作ってきた。佐藤さんが演出したカナダの多文化を発見する旅は、移民たちの物語をなぞる旅でもあった。

映画『ハナミズキ』に登場するペギーズ・コーブを旅する
Photo: Destination Canada / Benjamin Johnson

## 再びカナダへ

２０１８年、佐藤さんはキルギス共和国で撮影中に倒れ、日本に緊急搬送された。脳梗塞だった。幸い順調に回復したが、仕事に復帰すると今度は新型コロナウィルス感染拡大のため、国境が閉ざされた。佐藤さんは『世界ふしぎ発見！』の番組制作からの卒業を決めた。

そして、６年間のブランクを経て、佐藤さんが再び海外ロケへと旅立ったのは２０２４年９月。向かったのはカナダのハリファックスだった。また海外で仕事ができるうれしさに心が躍った。

今回の撮影旅行では、カナダ観光局の動画制作のため、ノバ・スコシア州とニュー・ブランズウィック州の「ユネスコ回廊」を巡った。この地域にはユネスコ世界遺産やジオパーク、エコパークが集中している。まさに地球の遺産といえる壮大な自然、先住民と移民たちが築いた歴史と景観、この土地ならではの自然の恵みに支えられた食と文化。そこで人々が紡いできた物語にあふれている。

日本ではまだあまり知られていない場所であり、ガイドブックにほとんど情報がない。佐藤さんはまず、図書館で関連する資料を探した。その中で特に目を引いたのが写真家、吉村和敏さんの写真とエッセイがつづられた『こわれない風景』や『林檎の里の物語：カナダアナポリス・ヴァレーの奇跡』だった。道路脇に設置された手作りの温もりが感じられる郵便受けや、草原にぽつんと立つ納屋の風景が心を捉えた。人の暮らしと自然が調和した景観に、日本の里山に通じる懐かしさや優しさを感じたのかもしれない。ナイアガラの滝やカナディアン・ロッキーなど、カナダを象徴するような有名観光地とは違う、この土地特有の素朴で情緒的な美しさがあることを知り、その詩的な風景をたくさん見たいと思った。

現実には、限られた撮影時間の中で見たいと思った風景のすべてに出会えたわけではない。だが、とりわけ佐藤さんの心に深く刻まれる風景との出会いがあった。この地域にいまも多く残るカバード・ブリッジ（屋根付き橋）だ。かつて、冬の豪雪や厳しい寒さから木造の橋を守り、そこを通る人々が一息つける場所でもあった屋根付き橋は、コミュニティーの生活に欠かせないものだった。ニュー・ブランズウィック州には、昔ながらの屋根付き橋がおよそ60カ所に残っている。一つ一つの橋にストーリーがあり、１００年も２００年も昔からのその土地の人々の思い出が息づいている。

「セント・マーティンズという町では、12月になると屋根付き橋の中にクリスマスツリーが飾られるそうです。地元で生まれ育った30代の女性が、クリスマスツリーを飾った橋の写真を見せながら、橋にまつわるおじいさんやおばあさんの思い出を熱心に語ってくれました。昔も今も地元の人たちが大切にしている橋がとても愛しく思えます」

佐藤さんは今回カナダで撮影をしながら、取材のやりやすさに驚いたという。町でも市場でも、人々は快くインタビューに応じてくれた。

「移民や難民の問題を抱え、寛容さを失いつつあるアメリカやヨーロッパ諸国と違い、カナダの人々は現在も外から来た人をオープンに受け入れてくれて、そのことに安心感とうれしさを覚えました」

この地域には何千年も前から先住民ミクマクが住んでいた。17世紀から18世紀にかけて アカディアンと呼ばれる人々がフランスから入植し、干潟を干拓して農地を耕し、共に豊かな実りを得て平和に暮らしていた。しかし、イギリスとの覇権争いに巻き込まれ、１７５５年にアカディアンたちは定住した土地から強制的に追放されてしまう。家族も恋人もバラバラに船にのせられ、多くの人が病気や飢餓、難破で死亡した。追放後、アカディアンの土地はイギリスに忠誠を誓う入植者、主にニューイングランドとスコットランドからの移民に与えられた。今も語り継がれるアカディアンの悲劇である。ノバ・スコシア州にある悲劇の舞台は「グラン・プレの景観」としてユネスコ世界遺産に登録されている。

佐藤さんは、グラン・プレを取材してアカディアンの子孫から話を聞いた。その人が歴史を語り継ぐことで世界中にいるアカディアンたちがアイデンティティーを取り戻し、連帯できるよう尽力してきたことに胸を打たれた。

帰国後、ノバ・スコシア州とニュー・ブランズウィック州で撮影してきたすべての映像を見返すと、ワイナリーや果樹園、漁業従事者、マーケット、世界遺産のジョギンズ化石断崖、最大の干満差を誇るファンディ湾の国立公園など、あらゆる場所で通りの名前や施設名、商品名や人々のコメントなどにアカディアンの歴史や文化に関わる言葉が含まれていることに気づいた。佐藤さんは、記憶を語り継ぐことと、人々が寛容さを保っていることには関係があるのではないかと考えている。

「2024年、日本原水爆被害者団体協議会（被団協）がノーベル平和賞を受賞しましたが、授賞の主な理由として、記憶を語り継いできたことの重要性が挙げられました。それができる社会は、健全な民主主義を守れるからだといいます。アカディ

心に残ったカナダ大西洋沿岸ニュー・ブランズウィック州の屋根付き橋
Destination Canada / Benjamin Johnson

アンをはじめとするカナダのこの地域の人たちもまた、自分たちの土地の歴史を大切に語り継いでいることを知り、尊敬の念を抱きました」

そして、カナダ取材中にもう一つ印象に残ったのは、女性が生き生きと活躍している姿だった。ユネスコ世界遺産をはじめとする遺跡や国立博物館、州立公園などの責任者や研究者、ワイナリーのオーナーやワインメーカーなど、取材先で地元愛を込めてストーリーを語る多くのリーダーたちが女性だった。

「映像を見返して確認しても、インタビューに答えたキーパーソンの7割以上が女性でした。実際に取材してみてわかったことですが、女性がそれぞれの個性を発揮しつつ自由に活躍している姿に感銘を受け、カナダのオープンさを感じました」

行ってみないとわからないことに出会えるなん

グラン・プレの物語に胸を打たれた
Destination Canada / Benjamin Johnson

て、なんと貴重な旅だっただろうかと佐藤さんは思う。ガイドブックにあまり情報がないことも悪いことではない。

「その土地に行って自分で見つけたものは強く記憶に残ります。屋根付き橋のある風景やアカディアンの歴史について、私の記憶のなかで色あせることは決してないでしょう。むしろ仕事の会議や友人との食事の席などで、これからも進んで話題にするに違いありません」

カナダは大自然に恵まれた国というイメージが一般的だ。だが、何千年も前から暮らしてきた先住民と世界中からやって来た移民で構成されるこの国の成り立ちはモザイクのように複雑だ。1971年に世界で初めて「多文化主義政策」を掲げ、ジェンダー平等やLGBTQ（性的マイノリティー）の問題にも取り組んできた。佐藤さんは世界中を旅してきたからこそ、カナダの多様性や社会のオープンさを見出して、深掘りできたのだ。

## 映像の背景にあるものを探る旅

これまで、『世界ふしぎ発見！』シリーズをはじめ、佐藤さんとテレビマンユニオンのチームは何本ものカナダの旅番組を制作した。どの番組にも、多様な文化で成り立つモザイク国家の面白さがスパイスのように効いている。

ところが、佐藤さんがカナダへの関心を一層深めたのは「世界ふしぎ発見！」などの旅番組ではなく、別のきっかけがあったのだという。

「カナダへの興味を大きく掻き立てられたのは、2011年の東日本大震災直後に取材したMONKEY MAJIK（モンキーマジック）のメンバー、メイナードさんとブレイズさんの存在でした」

メイナードさんとブレイズさんはカナダ人だ。

東日本大震災で大きな被害を受けた仙台を拠点に活動するロックバンド、モンキーマジック。地震では当時は彼ら自身も被災したが、アーティストである前に一人の市民としてやるべきことがあると、被災直後からボランティア活動に没頭した。その後彼らは、泥をかき出し濡れた畳を運ぶなかで、自分たちがやるべき音楽に気づいていく。仙台で、音楽の力を信じて歌い続けるモンキーマジックと、彼らの音楽を力に前向きに歩みを進めようとする若者たちのたくましい姿を取材し、佐藤さんはNHKの番組「ヒューマンドキュメンタリー 僕たちにできること」を制作した。

「震災直後に福島の原発事故があり、日本から避難する外国人が多いなか、隣人を助けるのが当然という彼らの態度には大変驚かされました。もちろんカナダ人のすべてがそういうメンタリティーというわけではないと思いますが、本当にインパクトがありました。彼らの生き方に触れたことが、新しい視点からカナダに興味を持つきっかけになりました」

私自身も、寛容さと助け合いを重んじるカナダの人々の人間性に心打たれたことがこれまで何度もあった。それは私にとってカナダが大切な場所になったきっかけでもある。

これまでガイドブックのない秘境をはじめ、佐藤さんはたくさんの冒険に挑戦してきた。しかし、60代後半になって旅に対する考え方が少し変わってきたという。若い頃のようなアドベンチャーはもうできないが、旅への思いは変わらない。今の自分だからこそできるのはどんな旅だろうか。それは、これまで撮ってきた映像の背景にあるものを興味のままに探っていくような旅なのかもしれない。そんな佐藤さんが次の旅先として関心を寄せるのはバンクーバーだ。

佐藤さんは何年か前、バンクーバーのあるブリティッシュ・コロンビア州出身の若き発明家、アン・マコシンスキーさんのインタビュー番組を制作したことがある。フィリピンの友人が貧しくて電気がないため勉強できず、落第してしまったという話を聞いて、15歳の時に体温で発電する電灯を発明した女性だ。

「身近なことや日々の生活のなかで、自分ができることで社会の課題を解決しようという文化が街にあると感じ、非常に面白いと思いました」

大都会でありながら海と山と森に囲まれたバンクーバーでは、他の都市ではあまり見られない光景が目に入ってくる。ダウンタウンを自転車やカヤックで移動する人たち、地元産のオーガニック野菜や果物が並ぶマーケット。環境にダメージを与えずに獲られたシーフードにこだわるレストラン。自然と共生するバンクーバー市民のライフスタイルや多様性を重んじるインクルーシブな社会（お互いの違いを認め、共生する社会）のあり方にヒントがありそうだと、佐藤さんは興味を持った。

バンクーバーのカフェ「イースト・バン・ロースターズ」が、ドメスティック・バイオレンスや貧困に苦しむ女性たちにシェルターとチョコレートづくりの職業訓練を提供していることにも、注目しているという。

「自立支援の方法がチョコレートづくりというのが、とても素敵だと思います」

そして、バンクーバーに行くなら、足を延ばして同じブリティッシュ・コロンビア州オカナガンのワイナリーにも行ってみたいという。

「いろんな土地から移住してきた人たちがワイナリーを経営しているから、ブドウの品種も作り方も様々だとか。そんな自由で多文化なワイン銘醸地って世界でも珍しい。カナダの多様性を象徴しているようで、好奇心が湧いてきます。一軒一軒ワイナリーを訪ねながら、そのストーリーとともに、ワインを味わって飲み比べてみたい。これからは大好きなワインもテーマの一つにして、自分らしい新しい旅の仕事の可能性を開拓したいですね」

未知のストーリーを探しに旅をすることは、佐藤さんが生きることのエネルギーそのものなのだ。

# 子供の頃から
# 〃旅の虫〃

ミュージシャン

## メイナード・プラント

たくさん調べて、予定は立てない。
それが彼の旅のスタイル。
思わぬ出会いのなかに、素敵なストーリーを見つける。

メイナード・プラントさん

日本語では、読書ばかりしている人を「本の虫」と言うが、英語には「Ｔｒａｖｅｌ Ｂｕｇ（旅の虫）」という表現がある。旅行熱に取りつかれている人を指す言葉だ。ロックバンド「ＭＯＮＫＥＹ ＭＡＪＩＫ（モンキーマジック）」のメイナード・プラントさんは「僕は子供の頃からずっと旅の虫なんだ」と語る。

音楽やスポーツを愛する一家に育ったメイナードさん。大学卒業後の97年に、語学等を指導する外国青年招致事業のＪＥＴプログラムに応募し、ＡＬＴ（外国語指導助手）として初来日した。青森の小中学校で英語を教える傍らロックバンドを結成。仙台に拠点を移し、２００６年にメジャーデビュー。「Ａｒｏｕｎｄ Ｔｈｅ Ｗｏｒｌｄ」「空はまるで」などのヒット曲を出すなど、様々な功績を残し、数多くのＣＭソングやドラマ・映画主題歌を手掛けてきた。２００８年には「日加修好80周年親善大使」、２０１１年には「東北観光親善大使」に任命される。２０２４年にはモンキーマジックの最新作アルバム「ＣＩＲＣＬＥＳ」を発表し、全国ライブツアーを行うほか、アジアなど海外での演奏活動も精力的に展開。２０２５年に結成25周年を迎える。

## 旅の虫

メイナードさんはカナダの首都オタワの中にあるヴァニエという街で育った。

小学生の頃は、毎年夏休みに母親の実家を訪れるのが大の楽しみだった。カナダ東部にあるオタ

メイナードさんが育ったカナダの首都オタワ

ワから西部大平原地帯にあるサスカトゥーンまで、飛行機なら5時間、車なら5日間かかる距離だ。メイナードさんは6人兄弟。父親が運転する車に大人数でワイワイ乗り込んで旅が始まる、あの瞬間が大好きだった。五大湖を過ぎてサドバリーに着くと、特産品のニッケルでできた巨大な5セント硬貨のモニュメントのところで休憩する。そこからまた車に乗って広大な森林地帯を抜けてプレーリー（大平原）を目指す。寄り道したり、ピクニック・ランチをしたりしながらの、気ままなドライブ旅だ。車中にいる時間が山ほどあるから、暇つぶしに両親も兄弟も途中いろいろな話をする。その結果家族がもっと仲良くなれた気がしてうれしかった。

同じカナダでも、自分たちが住む東部と、母の家族が住む西部では、文化も暮らしも違っていた。車窓から感じるその変化が面白かった。

母の実家では、おじいちゃんとおばあちゃん、おばさんやいとこたちが待っていてくれる。久しぶりにみんなの顔を見て、去年の夏休みからの1年分の話を聞くのが待ち遠しい。大好きな家族と一緒に旅することがあまりにも楽しかったから、メイナードさんは幼い頃すでに「旅の虫」になりつつあった。

こうして好奇心いっぱい快活な子供時代を過ごしたメイナードさんは、12歳のときに人生を変える旅に出会う。

## バンクーバー国際交通博覧会

アルバータ州に住む親戚のおばさんは教師をしていて、夏休みになるとメイナードさんの兄弟を毎年順番に旅行に連れて行ってくれた。１９８６年、メイナードさんはいよいよ自分の番だとドキドキしていた。その前の年、お兄さんはアメリカのディズニーランドに連れて行ってもらった。自分はどこに行けるのかな。おばさんは、ちょうどその年に開催されていたバンクーバー万博（国際交通博覧会）に12歳のメイナードさんを連れて行くことにした。

バンクーバー国際交通博では、交通の手段にとどまらず、交通を支える通信を軸に、人・物資・情報の移動における人類の成果と未来をテーマにしていた。参加国は香港、国連、ＥＣ（欧州共同体）を含め過去最大の54カ国に達し、入場者は２２１１万人を数えた。

アイスホッケーに熱中し、アメリカ各地に遠征していた中学時代。右から2番目

いろいろな国のパビリオンがある中で、メイナードさんの目には日本のパビリオンが特別ミステリアスに見えたそうだ。

日本はその頃はやっていた忍者やサムライ映画の国だ。メイナードさんは初めてのエキゾチックな異国体験にゾクゾクした。そこに、鉄腕アトムがホスト役として登場し、心のど真ん中をつかまれた思いだった。

「ええっ！　アストロ・ボーイ（鉄腕アトム）は日本のアニメだったの？」

メイナードさんは、カナダのテレビ放送で観ていた「鉄腕アトム」や「グレンダイザー」「ガッチャマン」などのアニメ番組が大好きだったが、フランス語のチャンネルで見ていたので、フランスのアニメだとばかり思っていた。まさか遠く日本で作られた作品だとは思いもしなかったのだ。

さらには新幹線のテクノロジーにも衝撃を受けた。

「マジか！　日本にはこんなスピード・トレインがあるのか！」

その日から、メイナードさんにとって日本は世界で最もクールな国になった。

言葉も全然違う遠い島国にもかかわらず、なぜこんなに自分の興味や感性にピッタリ合っているのだろう。地球の反対側の国に、自分が大好きなアニメ番組を観ている子供たちがいる。ミステリアスな忍者の国なのに、お互いに気持ちがわかり合えるのはなぜだろう。言葉や文化が大きく違っても、すぐに友だちになれそうじゃないか！

「どんなに遠い国だって、どんなに違う国だって、本当は共通点がたくさんあるということに、僕は瞬時に気づくことができました。12歳で気づけたことが、僕の人生において非常にラッキーだったと思います。違いを超えて一つになれる確信を得たと同時に、正真正銘のＴｒａｖｅｌ Ｂｕｇ（旅の虫）になった瞬間でした」

中学時代はアイスホッケーに熱中し、試合のためニューヨークやモンタナなど、アメリカ各地に遠征した。だいたい金曜日に行って、対戦相手のホームで地元の家庭に日曜日まで泊めてもらう。隣の国だから似たところもあるが、アメリカの街の雰囲気や暮らし方はやはりカナダとは違う。不思議だと思った。旅先にはこうした発見や学びがたくさんあった。

オンタリオ州の中のフランス語圏の中学を卒業した後は、高校もオンタリオ州で進学した。ところが、その後自分の意志で希望して、祖母が暮らすサスカチュワン州、バンクーバー万博に連れていってくれたおばさんが校長を務めるアルバータ州の高校と、１学年ずつ転校しながら三つの州で高校生活を送った。

毎学年違う高校に通ったと聞いて私が驚いていると、「悪いことをして退学になったからじゃないですよ」と、メイナードさんが真顔で言うので思わず吹き出してしまった。フランス語を母語として育ったので、英語も身に付けたいと思ったのが他州の高校に進学を希望した一番の理由だった。

「旅をしながら高校に通ったようなものです。それぞれの土地で、様々な人たちに出会って、人間ってなんて面白いんだろうとワクワクしました。まさにＴｒａｖｅｌ Ｂｕｇそのものでしょう？」

## もっと何か面白いことをやりたい

メイナードさんは、理数系の科目がダントツで得意だった。それなのに、大学入学の際には文系での進学を決めて哲学を専攻した。なぜ哲学を選んだのか、その理由は自分でもよくわからないと言う。だが、メイナードさんの話を聞いていると、人間への飽くなき興味が伝わってくる。

「科学者になるよりも、アートや人間についてもっと学びたかったし、人と一緒に楽しく、もっと何か面白いことをやりたいと思いました」

オンタリオ州の古都キングストンにある名門クイーンズ大学に入学し、学生時代は夢のように楽しく過ぎた。バンドを結成し、劇団にも参加して、毎晩仲間と語り合う充実した日々だった。そして、４年生のとき友達に推されて生徒会長になった。

クイーンズ大学の生徒会には独特の伝統があり、土地や不動産などの資産を保有しているし、事業も行う。１００パーセント学生が経営権を持つ株式会社のような組織形態で、年間の収益は当時で約７億円（24年度は約18億円）にも上った。生徒会長は選挙によって決まるが、もちろん経営だけでなく、政治力も問われる。いわばＣＥＯであり、首相でもある。マネジメント能力とリーダーシップ、つまり人間力のある学生が選ばれる。メイナードさんは生徒会活動に没頭した。

「生徒会長をやるなら学生のためになることを本気でやろうと思ったし、僕の周りのメンバーも優秀で、強いチーム（生徒会の執行部と後援会）に恵まれていました」

当時、州政府による急激な授業料値上げのため、進学を諦めたり、経済的な理由で大学を退学しなければならない学生も出ていて、社会問題になっていた。生徒会としても、「ここはカナダでしょう？」と断固受け入れられない状況だったという。メイナードさんは授業料値上げに反対してデモを行い、オンタリオ州の教育委員会と粘り強く交渉した。

「そのために学長室を占拠したこともあります。でも、値上げが取り下げられて決着した後は大学長ともすごく仲良くなりましたよ」

みんなのために大学を良くしていこうという熱い思いで生徒会活動に邁進したため、大学には５年間通うことになった。こうした貴重な経験がメイナードさんを大きく成長させ、卒業時には大手コンサルティング会社をはじめとした有名企業から複数の内定をもらった。しかし、いざ就職が決まるとなると、どうしても躊躇《ちゅうちょ》してしまう。まだやり残していることがあるのではないか。企業に入って社会人になるにはまだ早いのではないか。

「もっと冒険したいという気持ちがふつふつと湧いてきたんです」

そんなある日、日本のＪＥＴプログラムがＡＬＴを募集しているのを新聞で見つけた。

メイナードさんは12歳でバンクーバー国際交通博を訪れて以来、日本に強い憧れを抱いていた。日本について調べ、さらに興味を深めて、日本人のペンパルと文通もしていた。

高校時代に一度、日本の高校との交換留学のプログラムがあると知って申し込んだが、すでに締め切りを過ぎていたため残念ながら受け付けてもらえなかった。事務室の担当者に「来年また申し込んでください」と言われたが、転校したりしてタイミングを逃した。

高校の演劇部の先生に日本で英語を教えた経験のある人がいて、その先生から日本の写真を見せてもらったり、いろいろな話を聞いたりしているうちに、日本に行きたいという思いがより強くなった。先生は「良い経験になるから、絶対に行ったほうが良い」と言って、メイナードさんの背中を押した。いつか絶対日本に行こうと思った。

大学時代は楽しくて夢中で過ぎたが、就職を前に、以前から行きたかった日本への思いが蘇ってってきた。今こそ日本行きを決行すべきではないか。

ちょうどその頃、友人の兄が1年間のＪＥＴプログラムを経験して日本からカナダに帰ってきた。さっそく話を聞きに行くと、絶対に行くべきだと太鼓判を押された。

「もしも日本語を覚えられたら、いろんなことができて最高の体験になるよ」

メイナードさんは英語とフランス語を身に付けたバイリンガルだ。言葉を覚えると世界が変わることを身をもって知っていた。だから、日本に行くなら自分は日本語も覚えたいと即座に思った。

ＪＥＴプログラムでの日本行きを勧めてくれた友人の兄は、その後カナダで外資系企業に就職した。ああ、なるほど。こういう進路もあるのだ。自分もいま急いで就職しなくとも大丈夫だな、とメイナードさんは確信を得た。

それからメイナードさんは日本に行ったことがあるという人たちに片っ端から会って話を聞いてまわった。日本の文化を学び、日本語を話せるようになるには1年では短すぎることがわかった。自分はまず3年間日本に行って日本語を覚えることを目標にしよう。

## 破天荒な慎重派

「僕はワイルドに見せているけれど(笑)、実はすごく真面目なところもあります。リスクをとるときには、ヘッジも必要という考えです」

様々な関係者にヒアリングした結果、3年間日本に行っても、カナダに帰ってから就職で困ることはなさそうだ。しかし、日本で何を身に付けたかが問われる。スキルにはソフト面とハード面があり、その両方が必要だ。ソフトスキルについては問題ない。きっと日本にいるだけでたくさんの出会いがあり、異文化を理解してより豊かな人間に成長できる。しかし、それだけでは十分でない。ハードスキルとして日本語を学ぶことがとても重要に思えた。

日本行きを決心すると、日本のことを知りたくてクイーンズ大学のスタッファー図書館でいろいろな本を調べた。今も図書館のどの席に座ったかまで鮮明に覚えている。応募者の赴任先としては、東京、大阪、京都、沖縄、札幌が人気だ。でも、メイナードさんは東北に興味を引かれた。東京は遊びに行きたい街だけれど、住みたいとは思わない。大都市のことは知っていたからだ。もちろん東京はニューヨークとは全然違うだろうが、大都市という意味ではだいたい想像がつく。田舎に行ってこそ文化の違いが際立つはずだ。地方にこそ異文化と多様性の醍醐味があると考えた。もしも日本の昔からの伝統文化が時代につれて変化しているとしたら、その消えつつある昔の暮らしを最も体験できる場所は「ラスト・フロンティア」といわれる東北のような土地ではないか。

メイナードさんはかつて中国の深圳がいまの深圳になる前に訪れたことがあるそうだ。「深圳・新経済開発エリアへようこそ」と看板が出ていた。砂利道にはクレーン車だらけで、これから都市が生まれる気配を醸し出しながらも、そこは何も無い中国の田舎だった。あのとき自分が目撃したのは、まさに古い深圳の終焉《しゅうえん》だった。歴史や伝統が息づくその土地固有の風景は、突然失われて全く別のものに変わってしまうかもしれないのだ。

「だから、日本の原風景がまだ残っているうちに、絶対にこの目で見たいと思いました。日本人にとっても、東北はきっとラスト・フロンティアですよね。文化は南からやって来たんですから。京の都からすごく離れている場所なのに、平泉が栄華を極めた時代もあることに感動しました。その後には伊達政宗や松尾芭蕉が愛した土地でもあると知り、きっとどこにもない特別な場所に違いないと感じたのです」

ＪＥＴプログラムで東北の村を希望すると、青森県の七戸町《しちのへまち》に配属が決まった。青森にはアイヌや蝦夷《えみし》、縄文の史跡も残っているらしい。とてもワイルドでミステリアスだ。きっと日本古来の文化を感じられるに違いないと期待は高まった。

果たして来日してみると、青森に着いた瞬間に空気も匂いも変わった。田んぼが広がっていて、向こうに鎮守の森が見える。麦わら帽子を被って自転車に乗った農家のおじいさんが通っていく。オタワやキングストンとは全然違う、これが日本の原風景か。何もかもが期待を超えていて、胸を打たれた。「やはり、ここだった！」と思った。

「青森に来て本当に良かった。着いてすぐに、ねぶた祭りがあって、あまりにもすごい迫力で度肝を抜かれました。祭りの熱気のなかで、僕はたちまち青森に〝Ｆａｌｌ ｉｎ Ｌｏｖｅ〟しました。弘前の桜祭りも素晴らしいし、八戸の三社大祭もいい。あちこちで祭りがあるから、毎日がパーティーみたいで楽しくて、とても印象に残っています。祭りによって伝統が今に生きているのが素晴らしいと思いました」

ねぶた祭りの夜、同じくJETプログラムで青森に赴任したばかりのイギリス人のトムさんと仲良くなり、最初のバンドを組むことになった。

メイナードさんは来日前に目標を立てた通り、毎日こたつで常用漢字を勉強したそうだ。指には鉛筆だこができた。こたつでストレッチを兼ねて前傾しながら勉強すると適度な痛みが眠気を払ってくれた。次第に基本的な日本語がわかるようになってきた。言葉が理解できると行動範囲が広がっていく。祭りや温泉、スノーボードなど、メイナードさんは自由に東北の日々を謳歌《おうか》した。

「田舎が好きで青森を選んだ僕だけど、ときどきは仙台にも遊びに行きました。仙台が近くにあって良かったと思いました（笑）。まだ20代だったから、やっぱりたまには大きい街で遊びたい。バーやクラブにも行きたかった」

## 夢の時間が才能を開花させた

ずっと旅の途上ともいえる日本での生活は、今思い返しても現実とは思えない夢のような日々だった。

メイナードさんは「時にはリアリティーから逃げることも大事でしょ？」と問いかける。私は思

JETプログラムで来日。中部上北教育委員会にデスクがあり、
15の小中学校をALTとして訪問していた

わず「逃げてもいいんですか?」と問い返した。メイナードさんは言う。

「僕は『現実逃避』ってとてもいい言葉だと思うんです。誰だって現実逃避が必要なときがあるでしょう。僕は大学での5年間と日本でのJETプログラムの3年間、合計8年間はずっと遊んでいるみたいでひたすら楽しかった。もちろん勉強や仕事はちゃんとやっていたし責任も果たしたけれど、毎日がアドベンチャーだったから現実じゃないみたいに思えるんです。決して楽なことばかりではなかったし、当時は早く大人になりたいと思っていたのかもしれないけれど、あの8年間を振り返ると良い思い出ばかりが浮かんできて、ただただ夢のように感じられます」

その8年間はメイナードさんにとっての一生の宝物なのだ。「青春」という言葉が浮かんだ。その

JETプログラムを終えて、東アジアと東南アジアの国々を巡った

「現実逃避」の夢の時間がメイナードさんという人間を作り、才能を開花させたことは、その後の生き方を知れば明らかだ。メイナードさんの音楽には、常にその青春の輝きが息づいている。

「その頃は一番お金がないときで、だけど一番旅していたと思います。貧乏旅行ですが、その頃は旅にばかりお金を使っていましたね」

JETプログラムの間は、休みになると日本全国を旅した。JETプログラムを終えてカナダに帰る時には、東アジアと東南アジアの国々をトムさんと巡った。

日本語を覚えたメイナードさんは、次は中国の大学院に進学しようと計画していた。外国語を覚えるのが楽しくて、今度は中国語を学ぼうと考えたのだ。バンドの音楽活動は楽しかったが、音楽で食べていくのは簡単ではない。だから、いろいろな選択肢を残して保険をかけておきたかった。「リスクヘッジ」だ。

メイナードさんが上海の復旦大学の中国語コースに申し込み、さあ授業料を振り込もうというタイミングで、モンキーマジックにフジパシフィック音楽出版から契約のオファーがあった。

日本と中国の文化に精通し、言葉も話せれば、東アジアのエキスパートとしてビジネスや政治の道で活躍できただろう。しかし、メイナードさんは中国行きをとりやめ、モンキーマジックという冒険を選んだ。

「国際的な仕事に就くのも楽しそう。だけど、ロックスターのほうがもっと楽しそうじゃない？」

その後インディーズで『Ｌｉｌｙ』がヒットしたことで脚光を浴びた。１年後にはメジャーデビューが決まった。

こうして「現実逃避」の旅は終わり、メイナードさんはモンキーマジックを成功させるという目的にすべてを捧げるフェーズに入った。常に挑戦を続け、むしろ今はそのつらく苦しい過程を乗り越えた先に生きる喜びを感じる。より精神的なチャレンジがメイナードさんの旅になった。だから、もう現実から逃避することはない。

「でも、僕は今だって青春ですよ！」メイナードさんは笑った。メイナードさんにとっては、生きているかぎりずっと青春の真っ只中なのかもしれない。そして、「青春」はきっと「旅」と同義語なのだ。

ライブやコンサート、レコーディングなど、モンキーマジックの活動のためメイナードさんは国内・海外を問わずたくさんの旅を続けてきた。

「この仕事をしているのも、旅をしたいからかもしれないですね。もしも旅ができなくなったら、僕にとってそれは一番つらいことだと思う」

## 違う自分が見つかる

「モンキーマジックは仙台にいるからこういう曲が作れるんでしょう?」と聞かれることが、よくあるそうだ。そんなとき、メイナードさんはこう答える。

「そうだと思います。東京にいたらこれまでのモンキーマジックの曲は生まれませんでした。実際、今回のアルバムは東京で制作したので、曲作りの感じがいつもと違っています。何が違うかはうまく言えないのですが。青森で始めたから僕らの初期の曲が生まれ、仙台に住んだからモンキーマジックの音楽が今のように育ってきたことは間違いありません」

それは、東北にいるから東北をテーマにした東北っぽい曲を書くことを意味するのではない。むしろ東北という土地に影響された自分からどんな音楽が生まれるかということなのだ。

旅はメイナードさんの音楽に大きな影響を与えてきた。

「同じ場所にとどまっていると、どうしても発想も習慣も固定化してきます。毎日同じ近道を通り、同じ引き出しから決まった道具を取り出すのでは、創作のパターンが決まってくる。もちろん、家事や仕事などにおいて、日常の中で反復される活動ならではの美しさもあります。しかし、日常を脱出することでパターンをリセットすることも大切だと思っています。外国に滞在して異文化に触れていると、その非日常の中で自分が違う人間になったような感覚を覚えることがありませんか」

人間は関係性の中で生きている。だからアクションはリアクションに大きく影響される。会話の中でも、投げかけられる言葉によって、こちらの答えも変わる。旅をすると違う環境、違う文脈の中で、新しい自分が引き出される。だから、モンキーマジックはこれまで様々な場所で曲を作り、レコーディングをしてきた。例を挙げると、結成5周年のアルバムは日本で制作され、タイトルは「ｅａｓｔｖｉｅｗ」。10周年のアルバムはギリシャで「ｗｅｓｔｖｉｅｗ」、15周年のアルバムはニュージーランドで「ｓｏｕｔｈｖｉｅｗ」、20周年のアルバムはカナダで「ｎｏｒｔｈｖｉｅｗ」というふうに。

「旅がどう創作に影響するかは人によって違うと思います。僕たちはカナダのキャンモアに滞在して『ｎｏｒｔｈｖｉｅｗ』というアルバムを作りましたが、ロッジからロッキー山脈が真ん前に見えて、メンバーのタックスはそれを『チョコレートみたい、食べたい』と表現した。その場所から見る空や雪、山などに直接インスパイアされて歌詞を作るんです。それに対して、僕の場合はインスパイアされるというよりはインフルエンスされる。その土地にいることで感じるあらゆることから僕という人間が影響を受けて、メロディーや音楽の表現が変わってくるのです」

母国カナダで制作するアルバム。20周年という節目であり、自分のルーツを見つめる機会になった。メイナードさんは滞在中、子供の頃から好きだったアーティストの作品を聴き直した。自分の原点に遡ったことで、それが作品により濃く反映されたと感じている。アルバムを代表する曲となった「Golden Road」は自分たちが戻るべき場所を確認するために作った。アルバムの最後に収録されている「Walk Alone」は、ロッキー山脈を前に、雄大な自然とちっぽけな人間の中にある孤独を対比させたもの。カナダの壮大な景色に合う曲だ。

すでに日本に住んでいる年月のほうが長いから、久しぶりの母国でも自分たちにとってほぼ外国と同じ。しかし、そこにいるだけで力が湧いてくる。

だから、旅は本当に大事なんだとメイナードさんは強調する。アーティストに限らず、例えばマーケティングをしている人なら外国へ行って看板やテレビのCMが気になるかもしれない。エンジニアなら自動改札のシステムやフェンスの設計が気になるかもしれない。これはうちと同じだな、これは違うね。以前来たときと変わったな。今、ここではこんなやり方がはやっているのか、というように。

「僕の周りのアーティストも、1週間とか2週間ただ外国を旅してブラブラしたり、クラブに行ったりして帰ってきただけなのに、『いいアイデアが浮かんだよ!』というケースが結構多いんです。ただ違う環境に身をおいて違う体験をするだけで、自分の中に面白いものが生まれたりします」

もう他の場所から学ぶことがないなんていう人がいたら悲しいと、メイナードさんは言う。

「とくに何か特別なことをしなくとも、ただ旅をするだけでいい。無意識にいろいろ吸収していることがあるんです。旅の最中には気づかなくても、インプットされたものが帰ってきてから脳にデータとして整理される。そのときに大きな学びとなって自分が成長したことを知るんです」

## コミュニティーがあるから強くなれる

２０１１年に起きた東日本大震災でメイナードさんも被災した。

「自分が住んできた仙台の街が被災して、周りの街も壊滅に近いような状態になってしまった。消防士とか大工とか実際に役に立つ仕事だったら、もっと助けることができたのにと思いました」

ロッキー山脈に抱かれてレコーディング

地元の富谷市で養蜂を始めた。
蔵をリフォームしたショップで販売

震災後は瓦礫《がれき》撤去のボランティア活動をしたり、「SEND 愛」プロジェクトを立ち上げたりした。被災者支援のためのチャリティーコンサートを開催するなど、継続して出来る限りの支援を続けてきた。

「震災復興には何十年という時間がかかります。僕たちは宮城県民として、東北人として、日々音楽の中でもそういう気持ちをもって活動しなければなりません」

メイナードさんたちの草の根の活動は日本人にも影響を与えた。東日本大震災の前、ボランティアに消極的だった日本人は少なくなかったが、震災後には捉え方が大きく変わってきたとメイナードさんは感じている。

「自分たちは当たり前のこととして、ずっ

と前からボランティアや社会貢献をしてきました。もともとカナダ人はボランティアにとても積極的です。でも、最近では日本の人たちもよりボランティア活動をするようになってきたし、コミュニティーの一員だという意識をより強く持つようになっている。日本は変わってきたと感じます」

２０１８年、メイナードさんはタックスさんと地元で養蜂を始めた。愛する街が養蜂を通してもっと住みやすい場所になればという思いからだ。

「カナダのサスカチュワン州に住むおじさんが養蜂家で、子どもの頃手伝いに行きました。そのときから僕はずっと養蜂家になりたかったんです。仙台の近くの富谷《とみや》市という自然の豊かな場所があって、いろんな出会いがあって、養蜂プロジェクトが始まりました」

メイナードさんたちが営む蜂蜜とミードのお店エイト・クラウンズは「とみやど」にある。とみやどは４００年以上前に開かれた宿場町だったが、時代が変わって継承が困難になっていた。そこで、市が中心となって古い商家や古民家をリフォームし、観光と交流の場として再生した。地元で起業にチャレンジする飲食店やショップが軒を連ね、休日はマルシェ広場でイベントも開催される。「東北観光親善大使」も務めるメイナードさんは、地元の人々と一緒にとみやどの盛り上げに尽力している。メイナードさんがここまで地域の人々と深く関わり、地元を大切にするのはなぜだろうか。カナダに住んでいた頃からメイナードさんの周りには素敵なコミュニティーがいくつもあった。家族や親戚も仲良しで親密な関係だ。大学でも友人がたくさんいて部活にも生徒会にも仲間がいた。それなのに、こんなに遠くの日本に旅してきて、何も無いところに自分のコミュニティーを作るということが、私には驚きだった。そんな疑問に、メイナードさんはこう答えてくれた。

「人間は孤立したまま一人では生きていけません。コミュニティーがあったから人間はここまで来られたのです」

メイナードさんはユヴァル・ノア・ハラリの著作『サピエンス全史』を引用した。虚構の世界を想像するようになったことが、人間が他の人類と一線を画した最初の出来事だったと著者は論じている（認知革命）。人間が想像する能力を持っているからこそ、例えば貨幣が生まれ、宗教が生まれた。この想像力のおかげで人間は社会を形成することが可能になったのだという。

「この学説が正しいかどうかは僕にはわかりません。でも、想像力があるから社会が生まれたという考え方は面白いと思います。想像力があるからコミュニティーが強くなれるし、コミュニティーが強くなれば自分も強くなれるのは真実です。僕はすべてをコミュニティーのためにやっているわけじゃない。人と関わり合うことで僕が強くなっている。みんなで生きるために大事なことをやっている。いわばお互い様なんです」

メイナードさんの想像力にワクワクする人がたくさんいるから、メイナードさんの周りにコミュニティーができる。メイナードさんがいれば実現できるんじゃないかとみんなが思う。モンキーマジックも、養蜂のプロジェクトもそうして始まった。夢を夢で語れる人はたくさんいるが、戦略や立案力、そして実行力を兼ね備える人は少ない。だから、周りにいる人たちはメイナードさんと一緒にその夢を追いたいと思うのだ。

もちろん、一人の時間も大切だ。孤独な環境で想像力を高めて作品を作ることもある。しかし、その時も心のどこかにコミュニティーをイメージしていると、メイナードさんは語る。映画『キャスト・アウェイ』でトム・ハンクス演じる主人公がバレーボールにウィルソンと名付けて語りかけていたように、たとえ一人で無人島に流されたとしても、話しかけ、気に掛ける誰かが必要なのだ。

「最近になって、自分はきっと日本に骨を埋めるだろうと思い始めました。たくさん旅をしてきて、とうとうホームベースができたのかもしれません。日本の良いところは、お互いをケアすること。僕も和を大事にすることを学んで、たぶん前より良い人間になれたと思います。カナダの良いところと日本の良いところを分かち合えたらいいですね」

## 日本の若者たち

メイナードさんは、日本人が変わったと思うことがもう一つあるという。若者が日本人としてのアイデンティティーをより強く持つようになったことだ。アニメをはじめとした日本文化にも誇りをもっている。今の若者は内向きで国際的ではないといわれがちだが、その分アイデンティティー

カナダ、ノバ・スコシア州ケープ・ブレトン島の海辺

が確立したのではないかとメイナードさんは感じている。

「日本の若者のように、自分のアイデンティティーをしっかり見つけてから海外に旅立つのも一つのやり方かも知れません」とメイナードさんは言う。彼自身も日本に来る直前に、カナダ各地を旅したそうだ。カナダの大西洋に面したアトランティック・カナダでプリンス・エドワード島とハリファックスしか行ったことがなかったから、まずはその他のエリアをできるだけ全部見よう、と。その後は西海岸に向かい、まだ行ったことがないところを中心に旅してまわった。

「カナディアンになってから日本に行くぜ！」それがメイナードさんの信念だった。そうしたおかげで、世界中を旅しても「外国かぶれ」や「根無し草」にはならなかった。

インバウンドで日本に来る外国人が多いなか、日本

カナダ西海岸ブリティッシュ・コロンビア州シャノン・フォールズ州立公園のシャノン滝

のことをしっかりわかったうえでホストになりたいと若者たちは思っているのではないかとメイナードさんは推測する。彼らは外国かぶれしていない分、良いアンバサダーになるだろう。

## これから旅立つ人へ

メイナードさんは旅に出かける前に、その土地についてしっかり調べる。しかし、調べたわりには、予定は立てないという。アドベンチャーが好きだからだ。

「旅先では『あ、これがあれか!』などと思いながらぶらぶらします。もちろん、ここは絶対に行かなければと思うところもありますが、それも成り行きにします。ぶらぶら歩きながら、あ、これがあの食べ物だ!一つください、とか。あんまりおいしくないな、とか、やばっ、これおいしすぎる!とか」

タックスさんは旅行の計画が上手だから、メイナードさんは彼と一緒に旅するのが大好きだという。

「僕は知識だけあるけれど、計画しない。例えば台北の朝ご飯。自分一人だったら絶対に朝は起きない。でも、タックスにここ行くよって言われて、はい、って連れて行ってもらうのが楽しい。豆乳に油條（揚げパン）を浸して食べる豆漿、おかゆ。おいしい朝ご飯を食べて、食後にまた香腸（台湾ソーセージ）とかストリートフードを一緒に食べに行く。僕は『これ見たことある！』『これ知ってる！』って言う。調べてはあるから（笑）。引率者がいてくれるとうれしいです」

メイナードさんが予定を立てないのは、旅先での想定外のハプニングが好きだからだ。以前、友達とバイクでラオスの田舎を走っていると、何百人も集まってパーティーしているところに出くわした。ミニフェスみたいで楽しそうだ。

「『あ、これ結婚式じゃない？』『ちょっと行ってみようか！』といって見に行ったら、『おいで！　おいで！　どこから来たの？』って招いてくれた。いわゆるウエディング・クラッシャーです。一緒に飲んだりダンスしたりすごく楽しかった。そういうのが大好きなんです」

中国の広州を夜、散歩していたときの出来事も思い出深い。近代的で立派なタワーマンションの下にラーメン屋があったので入ってみた。隣に座っている人はラーメンを食べながら、テレビでサッカーのマンチェスター・ユナイテッドの試合を観ていた。「君たちはどこから来たの？」と聞かれたので、友人はイングランド、メイナードさんはカナダからだと答えた。「イングランドのどこ?」「ノーリッジ」「おお、ノーリッジか。知ってるよ」というふうに盛り上がって話している うちに、その人は実は地主でそのマンションのオーナーだということが判明した。

ラーメン屋はオーナーが子供の頃からおじさんが営業していた店だ。マンションが建てられる ずっと前から、そこにあった屋台のラーメン屋。オーナーはそのおじさんの店を残したくて、マン ションの1階に小さな屋台ラーメンの店を作ったんだと話してくれた。現代的なマンションと屋台 風のラーメン屋のギャップが印象的だった。「いまもこれからもずっとこのおじさんの店で食べた いんだ」と言ったオーナーの言葉が、メイナードさんの心に残っている。

「すごい人に出会ったと感動しました。心温まるストーリーがいい。オーナーが子供の頃はきっと みんな貧しくて、おじいちゃんが農地を持っていただけだったのかもしれない。それが急に開発さ れてリッチになった。でも、昔からのつながりを大切にしていて、おじさんの店を大切に守ってい る。素敵なストーリーだと思いました」

そういう出会いが旅の醍醐味だとメイナードさんは思う。だから、たくさん調べても、あまり計 画は立てないのだ。

そんなメイナードさんに、カナダで旅をするならどこがお薦めか聞いてみると、「難しすぎる」 と言って唸った。広大なカナダは地域によって自然も文化も暮らしも、そして街の雰囲気も違うの だ。それぞれに全く違った魅力がある。悩んだうえで、メイナードさんはまずケベックやアトランティック・カナダに行ってほしいと勧めてくれた。

この地域には、1600年代、1700年代のヨーロッパの歴史や人々の営みの痕跡が今も残っている。例えば、ケベック旧市街の王の広場を歩けば、壁に当時の水位が刻まれ、石畳に中世風の建物が残り、開拓者や商人たちの営みが立ち上がってくる。

「探検家、毛皮交易人。カナダは当時ニュー・フロンティアであり、ラスト・フランティアでもあった。さらにはヨーロッパ人が到達する1万年以上も前から伝統や文化を築き上げてきた先住民たち。そこで生きてきた、カナダをつくってきた人々と自分につながりを感じるのです。カナダには歴史がないと思われているかもしれないけれど、本当は深い歴史と面白いストーリーに満ちているんです」

モントリオールにも立ち寄って、僕の大好物であるモントリオール・ベーグルをぜひ食べてみてほしい。僕の故郷のオタワにも足を延ばしてくれたらうれしい。もしも先住民文化に興味があるなら、僕の親戚がいるサスカトゥーンにある世界遺産ワヌスケウィンも訪れてほしい。メイナードさんのお薦めは長いリストになりそうだ。

## 冒険家メイナードというアバター

メイナードさんは旅をする際に、常に心がけていることがあるそうだ。

「まだ旅の途中なのに、早く帰りたいと思う瞬間があるとしたら、もったいないことだと思います。だから、そう考えないようにしています」

旅をすれば、不愉快な体験やトラブルもある。アドベンチャーな旅のスタイルであればなおさらだ。騙されたとか、こんなはずじゃなかったとか、食事がまずいとか、ネガティブな体験もあるだろう。そんなときに、「早く帰りたい」とか、「日本じゃこんなことはあり得ない」とか思ったら、そこでおしまい。それは、帰ってきてからいくらでも考えれば良いことだ。

「ネガティブなことがあったら、それをできる限りポジティブに変えること。その秘訣は、第三者になって自分を見ることです。いってみれば冒険家メイナードというアバターがいて、自分がそれを俯瞰《ふかん》して見ている感じです」

これは、実はメイナードさん独自の考えではなく、高校生の時に知り合いから授けられた教訓だ。

「その人は19歳のときに1年間かけて世界中を一人旅してきて、カナダに帰ってきたばかりでした。僕はとても興味を引かれて話を聞きに行ったんです。会ってみると彼は全然19歳には見えなくて、仙人とか賢人のような悟った雰囲気を醸し出していました」

面白い経験談が次々と出てきて、何時間話を聞いても足りないくらいだった。その彼に、メイナードさんは「旅でどこが一番良かったですか?」と尋ねてみた。彼は「場所ではなくて体験したことだけど」と前置きして答えてくれた。

それは、ウィーンのある広場での真冬の出来事だった。バックパッカーで世界中を歩いてきた彼は疲れ果てていた。所持金も底をついた。当時はインターネット・バンキングなどないから、カナダの家族からの送金が届くのを何日もイライラしながら待っていた。広場のベンチに座っていると、雪玉がどこからか飛んできて頭にぶつかった。「痛えな」と言って飛んできた方向を見ると、若いカップルがこちらを見て笑っている。カーッと怒りが込み上げてきた。溜まっていたストレスを爆発させるかのように、即座に雪を固めて投げ返した。雪玉はカップルに命中した。カップルも反応し、また雪玉を投げ返して反撃してきた。夢中で雪玉を投げてやり合っているうちに、気づくと広場にいる他の人たちも参加してきて、雪合戦に発展していた。そのとき、突然笑いが込み上げて、爽快な気分になった。それと同時に、イライラしていた自分がとても恥ずかしくなった。広場でいい大人たちが真剣に雪合戦をして盛り上がった後は、みんなで近くのパブになだれこんで乾杯した。こんなに愉快なことがあるだろうか。ウィーンは彼にとって忘れられない街になった。

「どんなネガティブな状況でも、ポジティブな体験になり得るんだと彼に教えられました。旅先では、あまりシリアスに受け取らないほうがいい。自分の常識を持ち出して相手を批判するのではなく、どんなことでも純粋な気持ちで驚いて面白がった方が、良い旅ができる。日頃からポジティブに転換できる思考法を心がけると、旅の準備ができると思います。僕自身もそう心がけています」

メイナードさんは言う。

旅先での時間は、その時だけのかけがえのないもの。だから、ネガティブに受け取ってはもったいない。「これも生きてるってことさ」というくらいの大らかな気持ちで、その瞬間を大切にしてほしい。

そんなポジティブな気持ちで、毎日を旅するように暮らせたら最高だ。自分の家の周りにだって、まだまだ知らないことがいっぱいある。ブラブラ歩くたびに、何かしら新しい発見や感動があるはずだ。

「そうしたセレンディピティーを求めて旅をすることが、僕の人生の意味であり、生きる理由なのです」

旅で出会い、色々な人たちと心を通わせながら成長する。旅は豊かな人間になるための最強のツールなのだ。

「僕は人間を信じている」。メイナードさんは爽やかな笑顔でそう言った。

# 違う世界に身を置きたかった

旅行会社経営

## 柴崎 聡

お客様の心に残る旅を演出する。
厳しい環境でも顧客が離れていくことなく、
その経営手法が注目を浴びた。そんな彼の旅の原点とは。

柴崎聡さん

旅は文化事業であるという理念のもとに、１９６６年に設立された旅行会社グローバル（グローバル ユース ビューロー）。知的好奇心あふれる顧客の夢を叶えるため、添乗員が同行する高品質でユニークな海外パッケージ旅行を企画・販売している。８割以上がリピーターで、旅の作り手と顧客との距離が近い。「旅」だけでなく「コンサート」や「カルチャーサロン」などのイベントも実施している。

代表取締役社長の柴崎聡さんは、98年に同社に入社して以来、27年にわたって旅行の企画から添乗まで現場で陣頭指揮を執ってきた。世界初の「ウィーンフィル・クルーズ」はクルーズ・オブ・ザ・イヤー受賞。シェフや音楽家が同行する旅のほか、野生動物と先住民文化をテーマにしたアドベンチャーツアーなど、オリジナル企画を多数成功させている。

柴崎さんの作る旅に参加した顧客の満足度は非常に高い。「旅は心の財産です」と柴崎さんは言う。「旅の思い出という体験価値は時間が経つほどに生きた実感として感じられ、その思い出を財産としてより豊かに人生を過ごせるのです」

柴崎さんは旅行会社の経営者として、お客さんに提供する最高の旅とは、どのようなものだと考えているのだろう。また、自身はプライベートでどのような旅をしているのだろう。これからひも解いていきたい。

## 個人では行けない旅

まず、柴崎さんが自身の顧客に向けてどのような旅を作っているのかを見てみよう。

コロナ禍を経て、オンラインやＡＩ技術を活用したサービスが多様化し、今、旅行を取り巻く環境は転換期にある。飛行機もホテルもインターネットで直接予約できるし、旅先での移動も自分で手配できる。そんな時代に、柴崎さんは旅行のプロとして、どのような目線でツアーを作っているのか。一言で言えば、個人では行けない旅を提供することだ。定番の観光地めぐりだけではない画期的なツアーは、簡単には真似できないものばかりだ。

例えば、カナダのユーコン準州で小型飛行機をチャーターしてオーロラを上空から観測する「オーロラ・フライト」。州都ホワイトホースに数日間滞在しながら、観測条件の良いタイミングでジェット機に搭乗し、２～３時間遊覧飛行するツアーだ。雨や曇りの日でも、雲の上を飛ぶので上空からほぼ確実にオーロラを観賞できる。これまでツアーでのオーロラ遭遇率は１００％だという。暖かく静かな機内でゆったりとオーロラを味わえるので、重い防寒着などの装備は必要ない。オーロラに包まれるような体験は、ある人にとっては冒険であり、ある人にとっては癒やしだろう。東京・渋谷のプラネタリウムで星空解説員をする佐々木勇太さんが同行し、事前に１回、現地で１回レクチャーを行うので、オーロラや星空についての知識を深められる。発売後すぐに満席に

機内からオーロラを見る

なった。

ノースウエスト準州の北極圏で、ある家族が夏の間だけ設営するロッジに滞在する旅も人気だ。北極圏の氷海が溶ける夏、ベルーガと呼ばれるシロイルカの群れやジャコウウシ、ホッキョクギツネなどの野生動物を間近に見ることができる。北極の厳しく美しい自然と、短い夏を謳歌《おうか》する命の営みは、地球への賛歌そのものだ。16のキャビンは世界中からの顧客ですぐに予約がいっぱいになる。まさに知る人ぞ知るとっておきのツアーで、個人ではなかなかその情報にたどり着けない。もし知ることができても、詳しい情報を調べて参加の手続きをするのは簡単ではない。極地というアクセスが難しい場所であればなおさら、事前に下見したうえで案内してくれる日本の旅行会社のパッケージツアーは安心だろう。

「事前に下見して、希少で付加価値の高い体験を提案できることを大事にしています。行ってみないとわからないことは結構あります」

宿泊地や宿にこだわりを持つ食通の顧客を対象としたオーベルジュ（宿泊施設付きのレストラン）の旅も定番だ。旅においては、どこに行くかと同じくらい誰と行くかが大事である。興味や関心を同じくする参加者となら話が合う。ツアーで知り合い、意気投合するお客さん同士の出会いも貴重なものだと柴崎さんは言う。

このようなテーマのある旅には、案内人が同行する。エキスパート（専門家）が現地で解説、案内することで理解が深まるし、普通なら知り得なかった興味深い話を地元の人たちから聞くこともできる。ソムリエや利き酒師と行くツアーには、ワインや日本酒の愛好家が集まるので、満足すれば第2弾、第3弾と次の旅へと広がっていく。

柴崎さんはドイツ料理の研究家である野田浩資《ひろし》さんと約20回にわたってツアーを企画した。ドイツのワイン産地13カ所を訪ねて、郷土料理とのマリアージュを楽しもうという企画から始まった。やがて他のヨーロッパの国々を組み合わせ、国ごとの食文化がどう違うのかを旅で体験する企画に発展していった。野田さんが現地のシェフの思いを伝えたり、専門家として解説を加えたり、また郷土料理をきっかけにその土地にまつわる話を引き出してくれたりした。

柴崎さんはまた、バイオリニストの天満《てんま》敦子さんと「ルーマニアへの旅」を企画した。１９９８年当時、天満さんは「望郷のバラード」などのヒット曲で知られていて、ファンも多かった。前職で柴崎さんは天満さんの自伝を出版したことがあり、お互いに信頼関係があった。「望郷のバラード」の故郷であるルーマニアを訪れる音楽の旅は大成功し、その後もシリーズ化していった。歩くようなスピードでゆったりと進むリバークルーズの船内や寄港地で演奏する音楽の旅は、毎回80人以上のお客さんで満席になり、約30回続いた。音楽は旅の風景やそのときの感動と結び付いて、人生を豊かにしてくれる。

また、アドベンチャー系のツアーにエキスパートが同行するツアー企画として、三浦雄一郎さんに南極ツアーに同行してもらったこともある。冒険心があり、たえず挑戦を続けて80歳でエベレストに登頂した三浦さんがどういう人なのか、知りたいと思っているお客さんはたくさんいた。実際に三浦さんと話したことで、大いに刺激を受け、新しいことにチャレンジするエネルギーが湧いてくる。南極という特別な場所に行く目的を持って、２週間の冒険を共にする体験は、特別な価値があるものだった。

## 「匠に会いたい」

グローバルが「特別な体験」を案内人とともに提供するようになったきっかけは、俳優の故・渡辺文雄さんの一言だった。読売テレビの紀行番組「遠くへ行きたい」のレポーターを長く務めていた渡辺さんは、日本全国を旅して各地に素晴らしい匠《たくみ》がいることに感銘を受けていた。番組では尺が限られているので、その一部しか紹介できないのが惜しい。そこで、興味を持った視聴者が素晴らしい匠の皆さんを訪れて、直接会って話を聞く機会を作れないかと考えた。

「そういう旅を作ってくれないかと、渡辺さんが当時の社長に提案したのがはじまりです。それなら渡辺さんが案内してくださいよ、ということになりました。そして『雑学』と書いて『うんちく』と読ませる、「グローバル雑学観光《うんちく》」が始まったのです。その当時、当社は海外旅行がメインだったので、雑学観光は年に2~3回だけの企画でした。この企画はほとんどがリピーターの皆さんでいっぱいになりました」

3~4年続けたが、渡辺さんが急逝されてしまった。その後、柴崎さんが「日本の旅」の企画を引き継いだところ、グローバルのツアーのリピーター客だった皇室ジャーナリストの久能靖《くのうやすし》さんが、こう言って案内人を買って出てくれた。

「宮内庁関係のことだったら、僕も役に立てるかもしれない。伊勢神宮の御垣内参拝《みかきうちさんぱい》や崇敬会の方による解説を手配できると思うよ」

こうして久能さんと一緒に柴崎さん初の「雑学観光」を作ることになった。ツアーの企画にあたり、実際に自分で下見に行ってみると、神道の奥深さに魅了された。日本の神話ももっと学びたいと思った。

「古事記や日本書紀の舞台を探訪し、地元の人たちや専門家から話を聞くツアーを作りたいと思いました。その分野に詳しい専門家や地元の歴史家を紹介してもらい、旅の案内人を探しました」。こうした出会いが、柴崎さんの旅作りの源流となった。

あまりアカデミックすぎると敬遠されてしまう。あくまでも旅の楽しみである観光や食をメインにしつつ、このテーマでしっかり語ってくれる案内人から話を聞きたい。旅のプロデュースには「こだわり」と「エンターテイメント性」のバランスが大事だ。話を聞いてから訪れたほうがわかりやすい場合もあるし、訪れてから後付けで説明やエピソードを聞いて「ああ、そうだったのか」と腹落ちするのが良い場合もある。それらを見極めながら、旅のストーリーや演出を細部まで配慮して作り上げるのだ。

## 作って良かった旅

テーマのある旅で、グローバルが力を入れてきたのが音楽の旅だ。発端は、１９８７年からスタートした「グローバル・クラッシック・コンサート」。顧客サービスを目的に、有料だが価格を抑えてコンサートを提供し、これまでに１００回以上を開催してきた。東京のサントリーホールや東京オペラシティ、紀尾井ホールほか、国内のリゾート地や海外でもコンサートを行っている。

それを知ったウィーン・フィルハーモニー管弦楽団（ウィーン・フィル）の関係者が、グローバルにアプローチしてきた。大型客船をチャーターし、１００人を超すオーケストラのメンバーを乗船させるクルーズ旅企画を検討中だから、一緒にやらないかというのだ。柴崎さんは２００６年にベルリンを訪れ、ウィーン・フィルの事務局を請け負っているファミリー、ブーフマン家とシュプリンガー家の担当者と面会した。

ウィーン・フィルを乗せたクルーズは過去2回実施されたことがあった。エジプト遠征と南米遠征の際に、楽器を運搬するついでにツアーを行ったのだ。しかし、今回は旅そのものが目的。５大陸からクラッシック愛好家を招いて一隻の船上に集め、１週間から10日間をクルーズで一緒に過ごし、演奏会を楽しもうという企画だ。

「日本ではグローバルがパートナーとして良いだろうと声をかけてくれたんです。素晴らしい企画だと思い、僕も賛同しました」と柴崎さんは語る。

こうして、２００８年にウィーン・フィルを乗せた最初のクルーズが地中海で始まった。船旅を共にする全員が音楽ファンだ。１００人ものウィーン・フィルのオーケストラ・メンバー全員が乗船しているので、毎日食事の時などに顔を合わせる。言葉は通じなくても、なんとなくコミュニケーションが生まれる。

通常は見ることができないゲネプロという練習風景も、船内では公開された。これもファンにはうれしい特典だった。メンバーが私服で演奏会場に来て練習するところを、自由に見ることができる。指揮者と演奏者がやり取りする練習風景を見守ることは特別感がある。

「今日は交響曲の何楽章をやります」と告げられる。その練習をずっと聴いていると、音楽が頭に残る。寄港地で船を降りると、オペラ座などの会場でコンサートの本番が行われる。柴崎さんはその時の様子を思い浮かべながら話す。

「みんなでドレスアップして観賞に行くんです。船上で練習風景を見てきたおかげで、メロディーはすっかり頭の中に入っている。『あそこでオーボエ、ちゃんと吹けるかな』なんて気になったりして、ファミリーのような一体感が得られます。言葉を超えて世界の音楽ファン同士がコミュニケーション出来るのも楽しいんです」

ウィーン・フィルで指揮も執る人気ピアニストのルドルフ・ブッフビンダーさんが来日したときは、日本全国からクルーズに参加したお客さんが、コンサートを聴きに行った。会場は同窓会のようだった。

「『久しぶり！』と再会を喜ぶお客さんたちを見て、音楽の旅がきっかけでコミュニティーが生まれ、ずっとつながっていくんだなと感動しました。いい企画だったと、今でも自負しています」と柴崎さんは胸を張る。

もう一つやって良かったと思う企画として、柴崎さんはアメリカのＮＡＳＡ（米航空宇宙局）を訪問したツアーを挙げた。科学雑誌『Ｎｅｗｔｏｎ』とのコラボレーションだった。『Ｎｅｗｔｏｎ』誌の持つ科学者のネットワークを通して、故・カール・セーガン博士が会長をしていた米国惑星協会の協力を得ることができた。そこで、小学5年生から高校生を対象としたツアーを主催したのだ。宇宙への有人飛行の研究機関があるヒューストンでは、宇宙飛行士の訓練センターを訪問。実際に宇宙に行ってきた宇宙飛行士の話を聞いたり、深いプールに潜って行う宇宙ステーションでの作業のシミュレーションを見学したりした。惑星探査機の開発に携わるカリフォルニア工科大学の研究室では、当時最先端の研究だった木星探査プロジェクトを見学することができた。オペレーションセンターでは、惑星探知機が飛ぶシミュレーションや、四駆自動車ローバーの転倒時に正位置に戻す実験などが行われていた。この旅での学びがきっかけとなって、その後アメリカの大学に留学した生徒もいるそうだ。旅は世界を広げ、成長の扉を開いてくれる。旅によってその後の人生を拓いていくサポートができたことがうれしかった。

旅先では日頃会わないような人に会える。だから、その出会いや交わした会話が人生の転機になりうる。流れが変わるきっかけをもたらしてくれるのだと柴崎さんは語る。

「あの旅には、あの出会いには、こういう意味があったのかと、後でわかることが多いのです」

柴崎さんは決して机の上でパソコンとにらめっこしてツアーを作ってきたのではない。ちょっとしたきっかけや出会いが発端となって、アイデアが生まれ、特別な体験を作り出してきた。小さな出来事にも目を向けて、チャンスを見逃さない。人と出会ったら素通りせずに、心を開いて行動する。それが、良い旅を作る秘訣なのかもしれない。

## 場面転換となった旅

柴崎さんは旅を「場面転換」と捉えている。日常から離れ、旅をすることで、人生というドラマの背景が変わり、登場人物が変わる。人生の新しい章が始まる。そのための特別な体験をプロデュースするのが旅行会社の役割だ。なぜ、そのように考えるのか。柴崎さん自身の旅に対する考え方をさらに深堀りするには、彼がこれまでどんな旅をしてきたか、その原点に遡る必要がある。

１９６２年に東京で生まれた柴崎さんは、大学在学中から海外旅行に行くようになり、卒業後はドイツのフランクフルト大学に留学した。ヨーロッパ各国から来ている同級生たちは、休暇になると故郷に帰る。親しくしていたイタリア人の友達と一緒に、素朴で美しい村に滞在するのが楽しみだった。サルディーニャ島の家庭で心温まるクリスマスを過ごしたり、ドロミテに出かけてヨーロッパのスキー文化の真髄を体験したりした。

ドイツでの大学生活を謳歌《おうか》していたある日、柴崎さんは急きょ日本に呼び戻された。家業の出版社が倒産したのだ。20億円以上の負債を抱え、会社を整理するため父と共に「泥にまみれながら」奔走することになった。24歳の青年には背負いきれないような試練だった。

そんな試練の時でも、いや、そんな時だからこそ、柴崎さんはあえて旅をやめなかった。旅行会社のツアーに申し込み、14日間にわたってシルクロードを旅した。

つらい時期にあえてシルクロードの旅へ

「気分転換しなくてはいられなかったから、機会を見つけては無理をしてでも旅に行きました。日常から離れて違う世界に身を置きたかった。今いる場所（現実）がすべてになってしまうと、つらくて生きていられませんでした」

旅先には違う世界があり、その土地には違う人たちの営みがあった。現実逃避といわれるかもしれないが、旅を重ねるうちに、いつしか「人生はドラマのようだ」と達観するようになったそうだ。「人生は近くで見ると悲劇だが、遠くから見れば喜劇だ」というチャップリンの名言が脳裏に浮かんだ。柴崎さんは当時をこう振り返る。

「言ってみれば人生もオペラと同じです。２００年経っても同じようなストーリーが舞台で繰り広げられている。東京の現実世界に戻った時、僕はたまたま失敗して事業を立て直そうとしているのだと思えました。そして眼の前にいるこの人は借金を取りにくる役割で僕のところへ来ているのだと。この舞台で僕はどう振る舞うべきか、何を言うべきかと落ち着いて考えられるようになりました。いったん離れた場所に身を置くことで、もうダメかもしれないと思えるような自分自身の状況も俯瞰《ふかん》して見られるようになったんです」

日本語が通じない遠い場所へと旅することが、思考の転換に役立った。生活している場所から物理的に離れることが必要だった。

「ならば、せっかくもらった命だし、自分に与えられた人生を前向きに、最善を尽くして演じようではないかと思えてきました」と柴崎さんは語る。

そう思うようになると、自分の周りに不思議なことが起こるようになった。資金繰りで頭を抱えていると、以前出版した書籍の著者が人脈を生かして助けてくれた。借金を肩代わりしてくれる信用金庫を見つけてくれて、不動産を手放さずに済んだ。台風で倉庫の屋根が飛ばされて、刷り上がったばかりの辞書や書籍などがビショビショになってしまった。すると、相当な金額の保険が下りることになり、損害の補てんになっただけでなく、翌月の支払いも含めて解決できた。

「天が見ていて、こいつだったら救ってやろうと思ってくれたのだと感じました。だから、自分のやるべきことには決して手を抜いてはいけないんだと思いました」

倒産した会社を離れ、20代の終わりに同じ出版業で新しい会社を立ち上げることを決断した。一区切りついて、大学時代からずっと支えてくれた恋人と結婚して子供にも恵まれた。

やがて、知人から当時グローバル ユース ビューローの社長だった古木《こぎ》謙三さん（現会長）を紹介されたのが、後に旅行業に転身するきっかけとなる。古木さんは柴崎さんをクルーズの旅に誘った。

「そんなに仕事ばっかりしていないで、QE2（クィーン・エリザベス2）に乗船してみないか？」

旅程は横浜から香港までで、世界一周クルーズの一部分だった。柴崎さんは初めての外国客船に胸を躍らせ、出発までに終わらせられなかった出版の仕事のため、校正原稿を持参して船に乗ったという。乗客の多くはイギリス人だった。

バイオリニストの古澤巖《いわお》さんがオフィシャルアーティストとして同行し、演奏を行うことになっていた。柴崎さんにとってはサントリーホールで生演奏を聴いたことがある有名な音楽家だ。同じクルーズで旅ができることに感激した。古澤さんが船内を歩くたびに、「素晴らしい演奏だったよ！」「あなたのバイオリンの音色はとても素敵ですね！」と外国人客から声がかかるのを聞いて心が高揚した。デッキから眺める広大な海と寄港地の風景の数々は、古澤さんが奏でる音楽とともに記憶に残り、「旅と音楽」の素晴らしい相性を実感した。この特別な体験からインスピレーションを得て、柴崎さんは後に様々な音楽家との旅を企画することになったのだ。

## 生涯最高の旅

新しい出版社を立ち上げて仕事に追われていた頃、柴崎さんはまだ1歳の赤ちゃんだった息子を連れて、家族でカナダを旅した。第1次南極越冬隊隊員だった菊池徹さんがバンクーバーに住んでいたので、会いに行こうと思ったのがきっかけだ。柴崎さんはかつて、菊池さんのノンフィクション『タロ・ジロは生きていた：南極・カラフト犬物語』の出版を手掛けたことがあった。

その時は、まだパソコン通信の時代。ニフティサーブにカナダフォーラムというコミュニティーがあった。カナダへ行く前に情報収集しようとカナダフォーラムをのぞいてみたら、偶然同じ名前の菊池さんという人を見つけた。「家族でバンクーバーに来ちゃいました！ ここで生活します」という内容の投稿があった。縁を感じて、バンクーバーのことを教えてもらおうと思ってコンタクトしたら、「ぜひ遊びに来てください！」と返事があった。

都会なのに豊かな森に囲まれたバンクーバーの街は、とても居心地が良かった。山があり、美しい海にはヨットハーバーがあって、開放的な雰囲気だ。市民がみなリラックスして暮らしているように見えた。

柴崎さん一家はまず旧知の菊池徹さんの家に滞在した後、レンタカーを借りて、パソコン通信のカナダフォーラムで知り合ったもう一人の菊池さんを訪問した。菊池さん夫妻は郊外の一軒家を借りて暮らしていて、赤ちゃんが生まれたばかりだった。柴崎さん夫妻も赤ちゃんを連れての旅だったので、親近感を覚え、意気投合した。滞在中は温かくもてなしてもらい、楽しく一緒に過ごした。ブルーベリー畑のある家で家族との時間を大切に暮らしている菊池さんの生き方は新鮮だった。

菊池さんの勧めで、サーモンのハッチェリー（孵化《ふか》場）を見学に行った。川に沿って登っていくと、たくさんのサーモンが健気な様子で遡上していた。産卵のため生まれ故郷の川に戻り、遡上の途中で動物たちの食料となるものもいる。無事に産卵まで漕ぎ着けた後には木々や川の栄養となって豊かな自然を育む。その森を流れる川からまたサーモンが生まれ来る「命の循環」を大切にしながら、カナダ西海岸の人々は暮らしてきた。ハッチェリーではサーモンから卵を取り、人工授精をした後に、川に産み付けられたのと同じよう

バンクーバーの旅は生涯最高の旅の一つ

に流水で孵化させる。資源を守り、川に戻って来るサーモンを増やすための取り組みだった。

菊池さんの家を後にした柴崎さん夫妻は、バンクーバー島に行ってみようということになった。予定は立てていなかったので、宿も予約していない。行き当たりばったりの気ままな旅だった。最後はトフィーノにたどり着いた。そこには、地元のツアー会社が催行しているエコツアーがあった。野生動物を観察するためにゾディアック（エンジン付きのゴムボート）で海に出ていく日帰りのツアーだ。興味を持ったが、赤ちゃん連れでは参加させてもらえないだろうと思った。ところが、ダメ元で「赤ん坊でも行けますか？」と聞いてみると、ツアー会社のスタッフは「いいよ、いいよ」と請け合ってくれた。赤ん坊もライフジャケットなど着用し、出発した。

「本当に驚きました。自己責任とはいえ、日本ではこんな赤ん坊を乗せてはくれないだろうなあ、と思いましたが、参加できてうれしかったです。エコツアーでは、途中グリズリー（ハイイログマ）に出会い、近くに寄ってナチュラリストのガイドが生態系について解説してくれました。熊の話はとても興味深かった。サーモンがグリズリーの餌となり、生態系に深く関わっていることを聞き、ハッチェリーで見たサーモンの遡上を思い出しました」

目的地に着くと、ゾディアックを降りて上陸した。ガイドが言った。

「この先を30分くらい歩くとホットケーブ（熱い洞窟）があります。どうぞ自由に行ってきてください」

歩いていくと、ガイドの言う通り海辺に温泉があって、素晴らしい眺めだった。そこでみんなで露天温泉に浸かるというのが、このツアーのハイライトだった。お湯の中で体を伸ばして深呼吸すると、心も洗われていくようだった。

ナチュラリストが説明してくれるエコツアーに参加したのは、このときが初めてだった。短い時間でも、野生動物や自然環境についての理解が深まり、地元のガイドと交流もできて有意義だな、と感心した。赤ちゃん連れでこんなアドベンチャーができたことにも大満足だった。

トフィーノに帰ってくると、すでに夕方だった。「もうここに泊まるしかないね」ということになり、宿を探した。そこで出会った宿が、また本当に素晴らしいところだった。個人の一軒家でB&B（朝食付きのシンプルな宿泊施設）。フィヨルドを見下ろす芝生の高台に家が立っている。マダムが一人で住んでいて、「これ使っていいわよ」「食事はここね」「チェックアウトは10時ね」と伝えるべきことを言ってあとは自由にさせてくれた。すごくきれいな自然に囲まれたこの家では、マダムが幸せそうに暮らしていて、トフィーノならではの豊かでゆったりしたライフスタイルを味わえた。自然の恵みいっぱいの新鮮なシーフードや野菜が使われた料理はどれもおいしかった。それまで旅行ではホテルに泊まることばかりで、家庭のような場所に泊まる体験をしたことがなかったので、何もかもが新鮮だった。「ああ、こういう宿もあるんだな」「ああ、こういう生活様式なんだな」といちいち感動した。

そのときの体験が、後に旅行業に就いた柴崎さんのインスピレーションとなった。本当にぜいたくな旅とはいったいどんな旅なのかを再考し、新しい旅のスタイルを作る原点になった。「オーベルジュに泊まる旅」の企画にもつながり、グローバルの旅の人気シリーズとなった。

子供が就学したらなかなか長期の旅行には行けなくなるだろうと、思い切って休みをとって出かけた旅だった。赤ん坊を連れての旅だったが、カナダではどこも居心地が良く、安心して過ごせた。この旅は忘れられない家族の思い出になった。

「生涯最高の旅でした。私が後にグローバルで旅の企画をする原体験ともなりました」

## アドベンチャーツアーへの意欲

柴崎さんが今注目しているのは、自然をテーマにしたアドベンチャーツアーだ。近年、シニア世代を含めた幅広い年代で、アドベンチャー志向の旅のニーズが高まっているという。ゴリラやホッキョクグマなどの野生動物との出会いを体験した多くの顧客がリピーターとなっている。北極や南極への旅も人気だ。

時代を問わず、人を旅に駆り立てるのは、知らない世界を知りたいというシンプルな衝動や好奇心だ。デジタル化が進む現代では、ＳＮＳや動画で旅を疑似体験できるようになってきたが、バーチャルな世界が日常に浸透するほど、逆に人はリアルな体験を旅に求めるようになる。

「今は動物や自然など、生と死を感じる実体験を旅に求める人が増えています。今後もこの傾向はさらに強まっていくでしょう。ネット社会でバーチャルな体験をすることが当たり前になってきて、身体性を伴わない生活になっていることも原因だと思います。だからこそ、大自然や生命の営みに触れる体験が感動を湧き立たせるのかもしれません。アフリカやカナダのような場所で、地球の原体験を味わうような旅を求める人が、これからどんどん増えるはずです」と柴崎さんは指摘する。

世界中でアドベンチャーツーリズムが盛んになっており、日本でもますます注目を集めている。2023年9月に北海道で開催されたアドベンチャートラベル・ワールドサミットが契機となって、訪日旅行者の間でも需要が高まっている。

柴崎さんは、少人数で大自然を体験する特別感のある旅を企画し、アドベンチャーツアーに力を入れるべく、世界各国のビジネスパートナーとの提携を進めている。

「例えばカナダにはアドベンチャーツーリズムで先進的な取り組みを行っている旅行会社がいくつもあります。その土地をより深く味わうことができる自然体験や、多様な文化が共生している姿を実地で学ぶなど刺激を受けることがたくさんあります」

柴崎さんは2022年にアントレ・デスティネーションズというカナダの旅行会社とパートナーシップを結んだ。アントレ・デスティネーションズは、「ストーリーズ・オブ・カナダ」という旅のブランドで、本物志向の旅行者と地域の人々を共感で結び付け、新しい体験へと招き入れる。旅に目的やつながりを求める旅行者向けに、ユニークな自然やコミュニティーに根ざした体験を集めたツアーを提供しているのが特徴だ。テーマパークやアトラクションとは違い、自然や地域の人々がありのままの姿で歓迎してくれる。カナダ全土で語るべき物語を持つ地元の人々を案内人とし、より本物で深い交流を促進することを目指している。

旅の付加価値には、お金を払えば誰でも買えるものと、簡単には買えないものがある。この企画で柴崎さんが提供したいと考えているのは後者だ。一度は訪れたい絶景やぜいたくなホテル、豪華な食事が前者だとすると、後者はその奥にある豊かな体験やストーリーで、地元の案内人などのガイドを通じて分かち合う。

「彼らの体験やストーリーを日本のお客様に紹介することは、大変有意義だと思っています。例えば、少人数のロッジを貸し切りにしてホッキョクグマを歩いて見に行くツアーは、非常に特別で希少なものです。夏から秋にかけて季節限定で営業するロッジは、世界中からの観光客で取り合いになっています。日本では知られていないその素晴らしいロッジを貸し切りにして、私たちのお客様に案内したいのです」

チャーチルのホッキョクグマツアーの主流は、背の高いバギーに乗ってサファリのように野生のホッキョクグマを見に行くものだ。だが、グローバルは雪上飛行機で行くロッジを拠点に、ホッ

チャーチルのホッキョクグマツアー　©Ian Johnson　写真提供：Churcill Wild

キョクグマと同じ目線で歩いて出会うという特別な体験にこだわった。

ハイキングでは、参加者全員がひとかたまりになって、ガイドに挟まれる形で行動する。「自分より大きな動物がいる」とホッキョクグマに思わせるためだ。雪の中や氷の上を歩きながら、ガイドが説明する動植物の話に耳を傾ける。ときには、わずか20メートル先に、ホッキョクグマが姿を見せることもある。背後から陽の光が差し込むとき、野性の美しさと神々しさに、涙を流す参加者もいるという。

パートナー会社と組むもう一つのメリットは、観光によって地域の自然や文化を守り、コミュニティーを支援していく観光が可能になることだ。ホッキョクグマは現在、絶滅危惧種に指定されている。温暖化によって氷が溶けている時期が長くなったことで、アザラシの狩りや生殖が困難になり、個体数が減ってしまっているのだ。このツアーの売上の一部は、ホッキョクグマとの共生プログラムや温暖化対策にもあてられる。ツアーに参加することがホッキョクグマの支援や温暖化対策に貢献することを事前に説明すると、顧客も安心してツアーを選んでくれるという。

アントレ・デスティネーションズでは、他にも先住民文化体験などのユニークなツアーがある。柴崎さんはその意義をこう語る。

「先住民の文化や暮らしに触れるのは、カナダならではのユニークで本物の体験です。しかし、個人で先住民観光の手配をするのは簡単ではありません。だからこそ、現地のコミュニティーと良い関係を築いているパートナー会社に価値があるのです。受け継がれてきた文化を体験したり現地の人と交流したりできる場を作れる会社は限られています。そういう会社をパートナーとして、個人では体験することができない特別なアドベンチャーツアーを作っていきたいと考えています」

## プライベートの旅

旅のプロフェッショナルである柴崎さん自身は、普段どんな旅をしているのか。

「プライベートで旅をしていても、これをツアーにできないかなってすぐ考えてしまうんですよ」

最近の例だと、尾道のリゾートホテルが良かったと息子が勧めるので、夫婦で行こうということになった。確かにすごく良いホテルで、海を見下ろすリボンチャペルが目を引いた。

「さっそくホテルのスタッフに聞いてみると、世界で人気のある教会建築10選に入っているというんです。中を見せてもらったら、音の反響が素晴らしい。弦楽のコンサートなどをやったらすごくいいだろうと思いました。チャペルでコンサートはしたことがないとのことでしたが、スタッフとやってみようということになり、バイオリンコンサートを企画してツアーにしました」

最初から仕事にしようと思って旅行しているわけではない。予期せぬ楽しいことを味わいたいと思って旅をしていると、結果的にツアー作りに生かされる。

個人で旅する際には、泊まるところを決めずに行くこともある。何時までにあのホテルに行かないといけない、という制約がないので気ままに動ける。「楽しいことを見つけたらここに泊まってもいいね」「ずっとここにいてもいいしね」といった感じが一番良い。予定を立てないほうが予期せぬ旅の喜びを味わえることが多いからだ。

プライベートでは夫婦で行く旅が多いが、興味や関心が同じ部分は一緒に行動し、それぞれやりたいことがある部分は別行動する。例えば、海外の知り合いに会いに行くことが二人の共通の目的であれば、それ以外の時間に現地でやりたいことはそれぞれが自由に決める。

「お互い仕事していて忙しいから、出発の飛行機の中でやりたいことを付せんに書いて、スケジュール表にぺたぺた貼って計画を立てたりします。現地で思わぬ貴重な機会に出会ったりもするので、そこは臨機応変に動かせるようにしておくため、付せんを使うんです。目的は明確にしておいて、現地では柔軟に動くというのが私たちの旅のスタイルです」

計画表はざっくりだが、現地に着いて旅が始まったらそこに実際の行動履歴を記録していく。5分単位まで正確に行動履歴を書き込むこともあり、緻密な日誌のようだ。個人旅行でたまたま体験したことが、ツアーづくりにつながることもあり、その場合このノートが大いに役立つからだ。

目的のある旅は内容が深くなる。プロとしてたくさんの旅行を企画してきて、旅の仕方もどんどん磨かれた。好きな旅を仕事にしたので、プライベートで旅するときの目線も自ずと変わってくる。

「旅をして様々な体験をし、その土地で当事者の方々から直接お話を聞くと、感受性が高まってすごく深く共感できます。そしてまた、つながりが生まれ、次の旅の目的になるものに出会えることがある。それが楽しいのです」

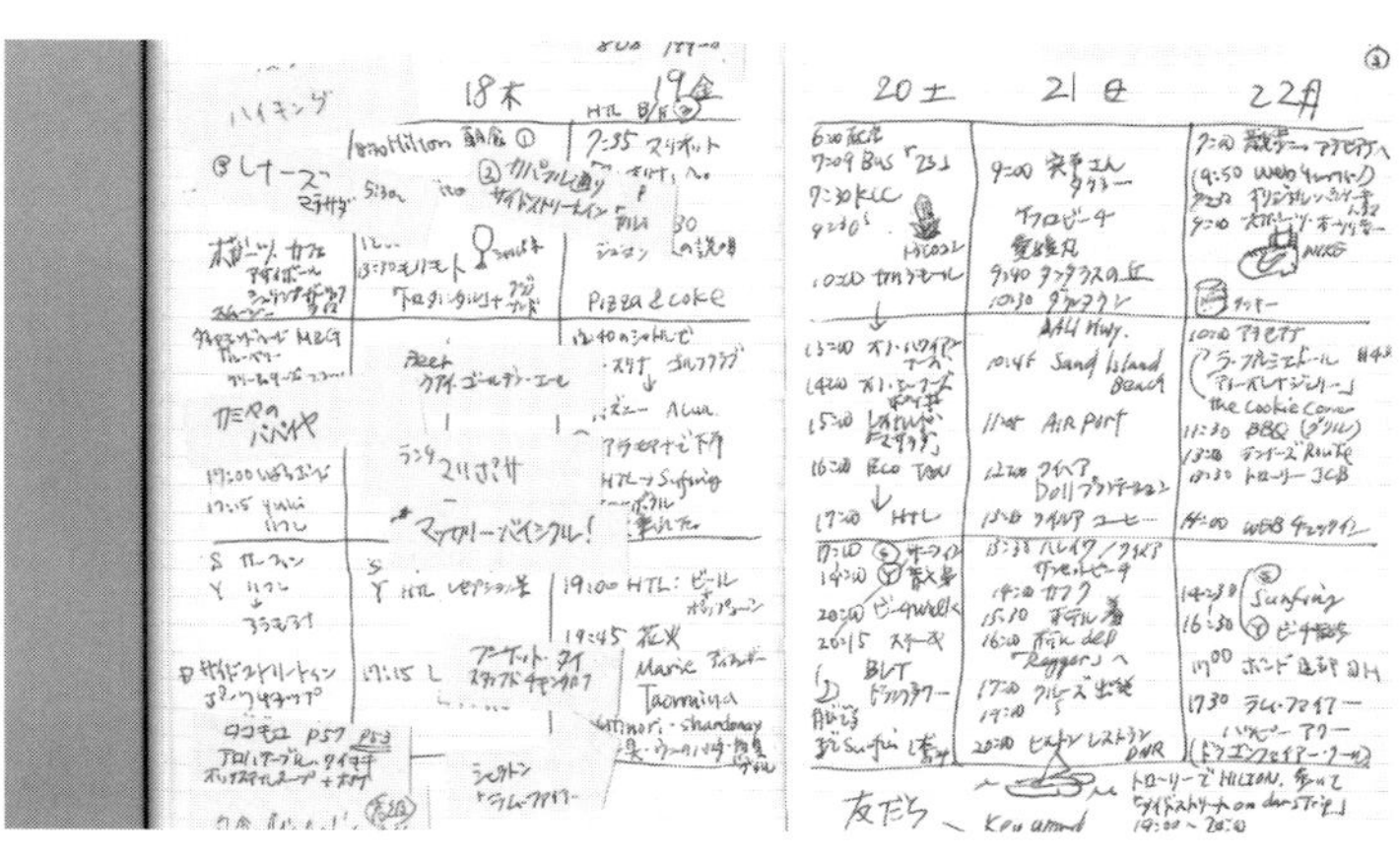


ハワイを旅したときに作ったメモ

## 旅先を決めるまで

「自分の好きなものがわかっている人ほど、旅の選び方も上手です」。長年旅のプロとして活躍してきた柴崎さんは言う。一言で自然が好きと言っても、動物が好きな人もいれば砂漠が好きな人もいる。旅に何を求めるのか、自分たちの趣味や趣向が明確にわかっている方たちは旅の選び方がうまい。

「現役時代は長い旅に出るのが難しく、リタイアしてから本格的に旅をする人もいます。体が元気なうちに旅をしようと、遠くの国から旅をしていきます」

グローバルは広告を打たないので、新しいお客さんから問い合わせがあると、まず「どうして当社を知ったのですか？」と質問する。多くは口コミや紹介だという。

「『〇〇さんのご紹介なら、こんな旅がお好きなのではないですか？』というやり取りから会話が始まります。まずはお客さんの好みを知り、なぜグローバルを選んでくださったのかを知りたいんです。そして、なるべく満足していただける旅にするため、旅の前からコミュニケーションをしっかり取ります」

こうして、顧客の漠然とした旅の好みや関心、期待や不安を可視化していく。出発前のやり取りは多岐にわたる。

「食物アレルギーはもちろんのこと、シニアの方にとっては、『グループで歩いてみんなについていけるだろうか？』と気になるでしょう。『ツアーではどれくらい歩くのですか？』とか『歩くペースは？』と質問を受けることもあります。バス移動で化粧室に行くタイミングを心配される方もいるので、『必ず1時間以内に1回は休憩で止まります』と安心していただきます。事前になるべく不安や心配事がないように心がけています。出発前からお客さんもグローバルも双方がお互いをよくわかっていることが大切なんです」

多くの人は、自分がどんな旅をしたいのかはっきりわかっていない。自分が知らない自分の好きなものを探すことから旅の準備が始まる。旅行会社はそれをサポートするべきだと柴崎さんは考えている。本当にいい旅をするためには、まずは自分自身を知ることが重要なのだ。

## もっと自由に考えよう

「旅で予期せぬことが起きるのが楽しいんです」

柴崎さんは場面が転換するきっかけになる旅が好きだ。我々がいつもの日常生活を飛び出して旅をした先には、旅先の地元の人たちの日常がある。そこで出会う別の日常での体験や交流が予期せぬ楽しい出来事をもたらすかもしれない。また、受け入れる地域で日常を営む人々にとってもまた、外から訪れた旅人との出会いや会話が場面を転換させるきっかけになることがある。旅はそういう化学反応を起こす触媒なのだ。

事前に旅程が組まれたツアーでも予期せぬことは起こる。参加者同士の出会いから生まれることもある。だから旅先ではいつもよりもっと自由に考えるのがいい。私が柴崎さんと初めて出会った旅も、その意味で非常に印象深いものだった。

２０２０年３月、新型コロナウイルスの世界的な感染拡大により国境が閉ざされ、観光業は甚大なダメージを被った。ワクチン接種が進んで、ようやくコロナ禍を乗り越えつつあった２０２２年６月。制限付きではあるが日本から海外への渡航が可能になり、カナダ観光局、各州の観光局、エア・カナダが共同で視察と戦略会議を企画し、日本の旅行業界のリーダー（ＶＩＰ）６名をアルバータ州に招待した。柴崎さんもＶＩＰゲストとして招待を受けて参加してくれた。

現地では地産地消の取り組みや先住民観光の現場を視察し、カナディアン・ロッキーのリゾートで星空観察や鉄道の旅を体験してもらいながら、コロナ後の回復に向けての戦略や新しいカナダ観光がどうあるべきかについて議論を重ねた。

４日目の朝、忘れられない出来事があった。参加者の一人、海外スキーやサイクリングツアーを主催している旅行会社フェロー・トラベル社長の水澤史《ふみと》さんが、「ジャスパー国立公園のトレイルをマウンテンバイクで走りましょう」と提案し、旅程になかったアクティビティーを急きょ企画してくれたのだ。私も長年観光局に勤めているが、こちらが準備したカナダの視察ツアーで、招待されているVIPゲストが自ら現場でアクティビティーをアレンジしてくれたことは、これまで例がなかった。

翌朝8時から視察の予定が詰まっている。だからマウンテンバイクをするために4時起きということになった。その晩は星空観察で深夜まで視察があったため、つらい早起きではあったものの、水澤さんの呼びかけに柴崎さん含めVIP全員が参加した。まだ暗いうちに起きて外に出ると、水澤さんが現地の観光局にかけあって手配したガイドが、マウンテンバイクをトラックで運んできてくれた。こんな日の出前に何台も自転車を借りる観光客はまずいないので、ガイドもいぶかしく思っている様子だった。

こうして、まだ夜明け前の国立公園でガイドに先導されて、カナディアン・ロッキーの木立の中をマウンテンバイクで走り始めた。水澤さんがときおり歌うような奇声を発するので、私たちは驚いてずっこけそうになった。熊よけのために歌っているのだという。

朝靄《あさもや》の立つ湖に日の光が射し、とても幻想的だ。爽やかな緑の木立の中を、笑いながらみんなで一緒に駆け抜けた。参加者である旅行会社の重鎮たちは、日本ではいわば競合する関係にある。しかし、日常を離れ、カナディアン・ロッキーの自然に心を解き放たれ、柴崎さんたちはライバルから仲間に変わった。初めて見る柴崎さんの屈託のない笑顔に私もうれしくなった。ガイドも一緒に笑っている。

子供心に戻って楽しんだサイクリングの後は、お腹が空いて一緒にパンケーキを食べた。もちろん、メープルシロップをたっぷりかけて。それで列車に乗り遅れそうになって慌てて走ったことも、楽しい思い出だ。柴崎さんは言う。

「睡眠時間が少ない上、時差もあって疲れていたけれど、水澤さんがサイクリングしようと誘ったら、朝4時半の集合時間には全員が集合しました。さすが旅行業界のリーダーたちは前向きで好奇心旺盛、行動力があるなあと感心しました。ある参加者は、慣れないマウンテンバイクで転んでばかりで、それでも起き上がってニコニコ楽しそうにサイクリングをしていたんですよ」

カナダという異国で、同じ体験、同じ時間を共有したからこそ、仲良くなれた。まさに人生の財産だと、柴崎さんは語る。

そしてこの日、「ジャスパー・サイクリング・クラブ」が誕生した。旅を共にしたからこそ親しくなれた仲間たちと、大切なコミュニティーができた。以来、柴崎さんたち6人の重鎮たちは会社の垣根を越えて協力し、共に新しいカナダ観光を作り出してくれている。コロナ禍を越え、新しいチャプターへ。仲間たちとの間に化学反応が起きて、新しいアイデアやプロジェクトが生み出される。私たちにとってこの旅はまさに「場面転換」となった。

グローバルが新しく企画したカナダのツアーは、それまでにない特別感のあるツアーばかりで、コロナ前と比べて売上げは倍増した。旅行代金が上がって海外旅行が苦戦する時代にあっても業績を伸ばしている。

## 旅を有意義なものにするために

すべての人の人生には舞台がある。その舞台は、必ずしも自分で選んだものばかりではない。また、自分が好む場面ばかりが展開するわけでもない。だけど、舞台がなければ演じることもできない。根なし草になってしまう。

だからといって、ずっと一つの場面にとらわれている必要はない。柴崎さんは旅が場面を転換してくれることを何度も経験してきた。

「自由になれることを理解できれば、今与えられている舞台の価値も理解できます。私たちは舞台を与えられ、生かされているのです」

旅行会社が多大な損失を被ったパンデミックの期間も、柴崎さんは顧客の一人一人に電話をかけて困っていることはないかと話を聞いた。海外旅行ができない期間は、つながりや生きがいを求めるお客さんの要望に応えて国内でのイベントや新規事業のサービスを立ち上げた。

「コロナ禍は今与えられている課題だから、自分に何ができるだろうかと考えて棚卸しをしました。だから、観光が壊滅的なダメージを受けたとしても、これができるんじゃないか、あれもできるんじゃないかと、冷静に対応してピンチをチャンスに変えることができたんです」

海外旅行の再開を待ち望んでいたお客さんは、渡航制限が解除されるとすぐにグローバルのツアーに申し込んだ。物価の高騰や円安で旅行代金が上がっても販売に影響はなく、柴崎さんの経営手法は業界の注目を浴びた。

様々な国を旅して、様々な人たちに出会って、様々なチャンスに心を開いてきた経験が、柴崎さんを強くした。好奇心をもって新しい世界に飛び込むことで、場面が転換する。だから、誰かから誘われれば「行く、行く！」といって行動する。旅によって柴崎さんの世界は広がり、人生が豊かになった。

そして、旅によって人との出会いが自然発生的に広がってきた。柴崎さんはますます旅の企画にのめりこんだ。自分の興味や関心が仕事になり、自分が企画した旅に同じ興味や関心を持つ人が参加してくれる。その旅がまた新しい出会いやつながりをもたらし、新しいアイデアが生まれる。

あるお客さんにこう言われた。

「人生はあみだくじみたいなものだ」

柴崎さんは深く頷いた。振り返ってみると、まさに旅が分岐点となり、自分の人生はどんどん変わってきた。あの旅であっちに行って、次の旅でそっちに行って、あ、結局ここまで来たんだというように。

「あの旅には、あの出会いには、こういう意味があったのかと、後で振り返ってわかることが多い

ジャスパー・サイクリング・クラブを結成

のです」

だから、柴崎さんは人との出会いやちょっとした出来事など、旅が見せてくれるサインを手放さないようにしている。

「もしかして『これをやれって言われてるのかな？』と考えるんです。すると、根拠のない自信みたいなものが生まれて、それが確信に育っていくんです」

人生は短く、出会いは無限にあるわけではない。そして、毎日忙しいサイクルで生活している人がほとんどだ。だから、なるべく心を開いて、サインを見過ごさずに行動する。

「あみだくじで、これからいったい僕はどこに行っちゃうんだろうね」。柴崎さんはそう言って少年のような笑顔を見せた。

# エピローグ

あなたにも、多かれ少なかれ旅の体験談があるだろう。旅から帰った家族や友人から土産話を聞く機会もあるかもしれない。誰もが旅の思い出を持っている。だから、旅の価値を改めて深く考えたいと思ったとき、どんな人に会い、どんな話を聞き、どんな対話をすべきかと考えあぐねた。私が出した結論は、いわゆる旅をたくさんしているイメージを持つ人ではなく、自分らしく良い人生を歩んでいる人たちに話を聞いてみようということだった。旅のテクニックを聞くのではなく、自分の好きなように生き、一番幸せになれる道を選んできた人たちに、そこに至るまでに旅がどういう役割を果たしてきたのかを聞いてみたいと思ったのだ。

本書に登場する7人は、いずれも一流の生き方をしている魅力的な方ばかりだ。生きている世界は様々だが、全員に共通して言えるのは、もしも旅をしていなかったら、現在の自分にはたどり着かなかったということである。旅によって、ある人は望む進路への道を拓き、ある人は八方塞がりだった状況を乗り越え、ある人は自分を導いてくれる人生の師と出会った。不安や悩みの中にあるとき、新しい可能性を求めて飛び出したとき、旅が前に進む力を与えてくれた。

旅について語り合うことは人生について語り合うこととなった。濃密な旅をしてきた実感から生まれた珠玉の言葉が、旅が血肉となって自己を作ってくれたことを物語っていた。彼ら、彼女らの話が心に響き、私自身、より良く生きるための勇気と力が湧いてきたし、自分がこれからどう生きたいのかを問い直す機会にもなった。何より、もっと旅に出たいと思った。

対話を終えた今、私の心に浮かぶのは「旅をした結果、何かをもらっちゃった」と言った西加奈子さんの言葉だ。最初から人生を変えようと意気込んで旅に出るわけではない。友達に誘われたから、興味のある国にやっと行ける機会ができたから、あるいは非日常を求めてリフレッシュしたいから旅をする。読者の皆さんの多くもきっと同じだろう。だが、旅先で新しい体験にワクワクし、出会いに心を動かされ、旅に熱中しているうちに、いつの間にか何かを得てしまう。経験によって鍛えられ、旅から帰ってきたときには違う自分になっている。

## 鎧を脱ぐ

私の場合もそうだった。25年前にメディア広報マネージャーとしてカナダ観光局に入り、カナダ

ノースウエスト準州イエローナイフから約210キロ離れたワチ村にて

カナダを旅すると、様々な場所でサーモンに出会う。
モンクトンのクラフトショップにて

の広大な国土を旅してまわった。それまでカナダについてあまり知らなかったから、実際に訪問して学びたいと思った。百聞は一見にしかずだ。最初は仕事だからと始めた旅だった。

25年前の私を一言で表すと、まるで「ガチガチの鎧《よろい》を着ているよう」だった。実際に人からそう言われたこともある。つっぱっているくせに、本心では理解されたいと思っていた。そして、周りの期待に応えたいと無理をしていた。人の評価ばかり気にしていて、自分を見失っていたのだ。ニュースを見れば、景気後退、いじめや差別、食料不足や気候変動問題など、悪いことばかりが目に入る。悲観的な気持ちになりがちだった。漠然とした不安に心がとらわれていた。

そんな私の心は、カナダを訪れるようになってから次第に変わっていった。

カナダの自然はとてつもなく大きかった。ノースウエスト準州でオーロラ取材に同行した私は、北国の厳しい冬の美しさに心を奪われた。マイナス30度。澄み切った空気がピンと張っている。ダイヤモンドダストが陽の光にキラキラと輝き、針葉樹の枝に積もった粉雪が風に吹かれて腕に落ちると、一つ一つ違った形の雪の結晶を肉眼でハッキリ見ることができた。6〜7頭のハスキー犬が力強くそりを引いて、雪原をどこまでも駆け抜けていく。

夜になれば満天の星に圧倒される。オーロラが神秘的な光を放ち、妖艶に踊りながら降りてくる。息も凍るほどの寒さが、かえって自分の頬に、胸に、熱い血潮が流れていることを感じさせてくれる。畏敬の念とともに、自分が今この場所に生きていることが奇跡だと思えた。壮大な宇宙にあっては瞬きのような自分の命かもしれないが、その今を精一杯輝かせて生きたいと思った。

秋に訪れたバンクーバー島キャンベルリバーでは、川を遡上するサーモンと一緒に泳いだ。ウェットスーツを着用し、スノーケルをくわえて、ボートから川に飛び込む。カナダの人たちは、野生動物に対して対等な目線で友人のような親しみを抱いている。命をつなぐために生まれ故郷の川を力強く遡っていく野生のサーモンたちと泳ぐなんて、なんともカナダらしい遊び心だ。大胆な発想に刺激され、好奇心がムクムクと湧き上がり、冒険の高揚感に心が弾む。こちらは上流から下流に流されていくだけなので、正確に言うと「一緒に泳ぐ」と言うよりは「すれ違う」のだが、サーモンの群れはものすごいスピードで私の横を泳ぎ去っていく。サーモンがうまく私をよけてくれるからぶつかることはないが、私には肌が触れ合うように感じられた。このときから、サーモン

ファーガスの案内で散歩した秋のフォーゴ島

は私にとって愛着ある大切な存在となった。カナダの環境、文化、歴史、人々にとって、サーモンは要である。サーモンが私の「推し」となり、旅がもっと楽しくなっていった。

ニューファンドランド島の北東にある小さな島、フォーゴ島を訪問したときの出会いも忘れられない。タラ漁のためにアイルランドから移民した漁師の8代目だというファーガスが島を案内してくれた。やはり秋だったので、野生のベリーをつんで口に入れながら散歩して、おじいさんから聞いた祖先の話や、島の暮らしについて聞かせてもらった。島の人々は、400年もの間、タラを生活の糧として共に生きてきた。ところが外国船がやってきて乱獲したためタラが全く獲れなくなり、1992年にはカナダ政府によってタラ漁が全面的に禁止されてしまった。島の人たちは生業を失って大変な苦労をしてきたわけだが、今はようやくタラが戻ってきたという。島の人たちはタラ漁の復活を願っていた。

ある日、ファーガスは家族や友人が集うシェッド（小屋）に私を招いてくれた。ビールを飲みながらギターやアコーディオンを演奏し、歌に合わせてみんなで踊った。楽しい時間が過ぎ、そろそろ失礼しようというとき、ファーガスの兄が立ち上がった。日本から来たゲストのためにといって、祖父が教えてくれた漁師の歌を独唱してくれたのだ。胸が熱くなった。

温かくて、ジョークが大好きで、人間味あふれる彼らとの出会いは、寛容さや包容力、人のつながりの大切さを私に思い出させてくれた。この旅で、閉塞感の中にあった私の心は、再び開かれていた。人間は愛しいと思えた。分断や行き詰まり、孤立を感じる現代社会においても、人間らしさや思いやりを忘れず、毎日を大切に生きたいと思った。

こうしてカナダの旅を重ねるうちに、次第に肩の力が抜けて、それまで鎧を着ていた心が解き放たれていった。自分の心が開かれてみて、初めて本来の自分を知ることができた。そして、ありのままの自分でいて良いのだと感じられるようになった。すると自由な心で、自然や動物たち、そこに暮らす人々とつながることができた。童心に戻って生きることが楽しくなる。息をするのも楽しいという感覚を、私はカナダの旅で初めて知った。

## 旅の極意

やがて、旅から帰って日本にいるときも楽天的な自分でいられるようになり、毎日が楽しくなってきた。カナダがどんどん好きになり、自分の仕事を愛するようになった。

高砂淳二さんは「自分の心の声を聴くには、旅が必要だった」と語っている。頭で考えすぎずに旅をして、心に素直になってみたら、目の前にどんどん道が開けてきたと。私の場合もそうだった。だから、とりあえず旅に出ようと呼びかけたいのだ。

同じ行程で旅をしても、人によって見ているところが違うし、感じることも様々だろう。もちろん、毎回人生が変わるような体験が起こるわけではない。でも、どうせ行くなら、最高の旅にしたい。予期せぬ楽しい出来事に出会い、眼の前の風景の奥にある「とっておき」にたどり着けたら幸運だ。そういった「何かを得てしまう」旅をするための特別な方法があるのだろうか。

茂木健一郎さんにとっての旅の極意は「旅ラン」だった。メイナード・プラントさんの場合は、たくさん調べるけれど予定は立てないスタイルで、冒険を楽しむこと。住吉美紀さんは、旅先で出会った人に話しかけて、聞かなくてもいいことまで聞いてみることだ。

私の場合は、居心地の悪さをあえて楽しむということかもしれない。予定調和が崩れるような状況こそが、自分の世界を広げ、新しい自分を発見し、成長できるチャンスではないかと思うからだ。

先住民の島ハイダグワイを訪問したときのことだ。伝統文化を鑑賞したいと思った私は、踊りを見ることができる施設を探した。しかし、入場券を買えば誰でも見に行けるといった施設は見あたらない。博物館や役場で聞きまわった結果、やっとのことで島の北部にあるマセット村で土曜日に見られるかもしれないという情報を得た。電話番号を教えてもらってかけてみると、レスリーという女性が電話に出た。彼女と家族が自宅で踊りを見せているようだ。ところが、今度の土曜日はやらないという。叔母さんがチーフ（首長）に就任するので、ポトラッチに出席するからだそうだ。私がひどく落胆していると、「その次の土曜日ならやってもいいけど」と言ってくれたが、数日後には日本に帰国する予定だ。残念だけど諦めるより仕方がない。すると、レスリーが言った。

「ポトラッチにあなたが来てもいいか叔母さんに聞いてみる」

ポトラッチとは、盛大な宴会を伴う儀礼のことで、婚姻や葬式など何か大きな出来事が起きたときに開催されてきた。一族の長であるチーフがみんなをポトラッチに招き、その出来事の証人になってもらう。お礼としてチーフは豪華な料理を食べきれないほどふるまい、山のような贈り物を分け与える。かつて宣教師や政府の役人は「ポトラッチは浪費を促す非生産的で非文明的な悪習で、文明化と布教の障害だ」と見なして、１８８５年から１９５１年まで禁止令を布いた。後に政府はこの間違いを認め、同化政策について謝罪している。現在ハイダの人々は伝統文化の復興に取り組み、ポトラッチも再び行われている。

オールド・マセットにて。ポトラッチで踊りの輪に加わった

私はそうした情報を資料で勉強して知っていた。だから、レスリーが「ポトラッチでは踊りもたくさん見られるから」と言って、いきなり見ず知らずのよそ者である私を招待してくれるという寛大な提案に驚いた。レスリーは、ポトラッチの主催者であり、そこでチーフに就任したことをお披露目する予定の叔母さんから許可を取ってくれた。

土曜日にドキドキしながらポトラッチの会場に行くと、近隣の住民や他の集落の代表者など数百人が集まっていた。昼ごろから始まり深夜まで続いたポトラッチに、私もお邪魔させてもらった。何人もの代表者のスピーチを聞き、たくさんのグループが交代で歌や踊りを披露するのを見学した。体の底から湧き上がる歌声や鼓動、ステップを踏む時に床を伝わってくる振動に圧倒された。私は見るからに部外者で慣習も知らず、その場で浮いていたと思うが、みんな温かく接してくれた。勧められるままに食事を頂き、ときどきハイダの人たちに話しかけて雑談を交わした。宴が熱気を帯びて盛り上がってくると、レスリーが私を「女たちの踊り」の輪に招いてくれた。勇気を出して一緒に踊らせてもらった。ボタン・ブランケットと呼ばれるマントのような美しい衣装が揺れていた。ハイダの人たちはポトラッチのために準備して衣装を作り、仮面を彫り、太鼓や踊りの稽古をする。ハイダの誇りを示し、踊りや物語を継承するためにも、ポトラッチは非常に重要な場なのだ。幼い子供たちが胸を張って踊る微笑ましい場面も印象的だった。

宴が終わって帰るときには、その場にいたお客さん全員にハイダ・アートの版画やマグカップ、トウヒの脂、小麦粉など、たくさんのお土産が配られた。ポトラッチでチーフは蓄えの多くを失う代わりに、人々からのさらなる尊敬を手にすることになる。惜しみなく与え尽くすことで地位と尊敬を獲得してきたハイダ社会と、個人主義が主流の欧米社会とは、価値観もルールもまるで違う。

先住民は長い間文字を持たず、口承で知恵や伝統を受け継いできた。だからこそ、ポトラッチで皆に証人になってもらうことが重要だった。ハイダについて知ろうとするとき、私たちが古い書物や資料で接する著作の多くは、ヨーロッパ人など非ハイダによって外部の視点から書かれたものだ。ハイダの歴史や物語、人々の思いを直接彼らの口から聞くとき、全く違った世界が立ち上がってきた。ハイダの物語はハイダの人たち自身から聞いてほしいといったレスリーの言葉が心に残っている。

私は旅先の土地に暮らす人々の営みや文化にできるだけ深く分け入っていきたい。だから、郷に入っては郷に従う。居心地が良くないことでも遠ざけずにやってみたい。自分の未熟さや無知さを謙虚に認識して省みる機会を旅が与えてくれる。そうすることで「その奥」へと扉が開かれていく。新しい世界観に触れることで視野が広がり、他者への共感と感謝、リスペクトの気持ちが湧いてくる。旅が自分の一番良いところを引き出してくれるから、自分を信じられるようになるのだ。旅の経験のすべてが、私たちを最良の自分に導いてくれる。本書では、7人の方々の、その軌跡をたどった。

あなたはこれからどんな旅を重ねていくのだろうか。あなた自身が主人公となって楽しく人生を生きる原動力を旅は与えてくれる。あなたが一番幸せになれる道へと旅が導いてくれることを、心から祈っている。

著者　**半藤将代**　（はんどうまさよ）

早稲田大学第一文学部卒業後、トラベルライターやイベント・コーディネーターとして十数カ国を訪問。その後、アメリカに本社を置くグローバル企業で日本におけるマーケティング・コミュニケーションの責任者を務める。1999年、カナダ観光局に入局。日本メディアによるカナダ取材の企画やコーディネートに取り組む。2015年、カナダ観光局日本地区代表に就任。通年でのカナダ観光の促進や新しいデスティネーションの商品開発を推進。サステナビリティーや多様性を重視した地域主導の観光が現在の研究テーマ。著書に『観光の力　世界から愛される国、カナダ流のおもてなし』（日経ナショナル ジオグラフィック）。

**NO JOURNEY, NO LIFE** 旅好き7人の“私流こだわり旅”

2025年4月21日　第1版1刷

著者　半藤将代
編集　葛西陽子　尾崎憲和
装丁・デザイン　宮坂 淳（snowfall）
発行者　田中祐子
発行　株式会社日経ナショナル ジオグラフィック
〒105-8308 東京都港区虎ノ門4-3-12
発売　株式会社日経BPマーケティング
印刷・製本　日経印刷

ISBN 978-4-86313-616-8　Printed in Japan
乱丁・落丁本のお取替えは、こちらまでご連絡ください。　https://nkbp.jp/ngbook